サクラサイト
被害救済の
実務〔第2版〕

［編］サクラサイト被害
全国連絡協議会

発行 民事法研究会

サクラサイト根絶のために

成城大学法学部教授

町 村 泰 貴

　いわゆる出会い系サイトをめぐっては、当初、売買春の温床となるという点や青少年健全育成の観点から問題視され、登録制を柱とする「インターネット異性紹介事業を利用して児童を誘引する行為の規制等に関する法律」が制定されました。しかし、この立法の傍ら、出会えない系とも呼ばれるサイトの問題が顕在化してきました。出会いを目的とした有料のメッセージ交換をいくらやっても、あれこれと理由を付けて引き伸ばされ、結局、一度も会えないまま、高額のメッセージ交換料金をとられてしまいます。

　男女の出会いを目的としたサイトという限りでは、高額の料金をとられるだけに終わっても、あまり同情を引かないという問題もありました。しかし、サイトの目的は男女の出会いから同情型や利益誘導型に広がってきました。被害者も男性だけとは限らず、むしろ女性が被害を受けるケースのほうが多くなってきました。こうなると、詐欺という性格が明確になってきますし、法的な救済のために多数の実務家が注力するようになりました。

　本書では、そうした法曹実務家の活動成果が表れています。

　元々の出会い系（出会えない系？）であれ、利益誘導型や同情型であれ、有料のメッセージ交換サービス利用に勧誘し、思わせぶりなやりとりが続きます。被害者とメッセージの交換をしている相手が、本当は誰であるのか、メッセージ交換の中ではわかりません。若い女性とか、一人暮らしのお年寄り、という設定でも、サイトの運営者が雇った者が、サクラとしてメッセージを書いているのかもしれません。そうであるならば、もう紛れもなく詐欺ということになります。しかし、サクラによるメッセージなのかどうかを解明し、立証することは極めて難しいことです。

1

それでも、数多くの事件に立ち向かった弁護士などの努力により、被害救済が実現できるケースが出てきました。その努力の成果として、メッセージの相手方が被害者に対して、多額の利用料金を必要とする操作を行わせる合理性がないことから、それがメッセージ交換サイトの運営者のために、その者に雇われて行っていることを、裁判所が認める例も出てきましたし、裁判外の交渉で被害を回復することもできた場合もあります。サクラサイトの上位組織の幹部が逮捕されるという成果も出てきています。

　ただし、被害回復が可能なケースがあるといっても、確実ではありません。サクラサイト運営者が逃げてしまえば、追いかけるのは難しくなりますし、騙し取った金銭を使い果たしてしまえば、取り戻せなくなります。そして何よりも、受けた被害を取り戻すのには多大な労力が必要となります。また、インターネットの技術も使い方も日進月歩ですから、次々と新たな手口が出てきています。本書では、国際ロマンス詐欺についても取り上げられていますが、ことのほか救済が難しいものです。そして、法的手段をとるとしても、この分野に精通した弁護士に依頼しないと、新たな被害を受けることにもなりかねません。この点は、本書第7章IIで触れられています。

　やはり、サクラサイトの被害を受けないことが最善です。

　本書は、サクラサイトの危険性やその救済のための努力が詰まっています。本書によって、被害救済のノウハウが伝わり、実際の被害の回復や未然防止につながることを心より期待して、本書を推薦する次第です。

第2版はしがき

　本書は、サクラサイトをはじめとする悪質サイトによる被害者救済に取り組む全国の弁護士で結成する私たちサクラサイト被害全国連絡協議会が平成29年11月に刊行したサクラサイト・悪質サイト被害救済のための手引書の改訂版である。

　私たちは、平成23年7月の第1回以来、本書初版刊行後も年2回全国各地で協議会を開催してきている。この間、協議会に属する弁護団・弁護士は、多数のサクラサイト・悪質サイト被害を解決してきており、その経験・知識・ノウハウの蓄積は初版刊行時以上に高水準でかつ膨大なものとなった。私たちは年2回の協議会等で、これらの経験・知識・ノウハウ等を報告し合い、討議検討して共有するとともに判例の分析や法理等の研究も深めてきた。

　他方、いまだ救済を受けられない被害者も多数おられ、国際ロマンス詐欺等新たな被害類型も発生し、解決できると称して高額の金員を支払わされる各種二次被害も続出していて、多くの弁護士が被害救済に立ち上がる必要性はますます高くなっている。そこで、協議会では、より多くの弁護士が被害救済に取り組めるように私たちの最新の到達点を紹介しようと、本書の改訂を企画し、出版社の賛同を得て改訂版発刊に至ったものである。

　本書は、協議会の最先端で活動している弁護士十数名が手分けして各経験分野・得意分野を執筆し、編集会議で吟味検討したものであって、その内容はわが国最高水準をいくものであると自負している。

　本書が、これまで以上にサクラサイト・悪質サイト被害救済に関心をもつすべての弁護士、消費生活相談員らの皆様のお役に立つことを心から祈念するとともに協議会としても被害の根絶をめざしてこれからも活動する決意を新たにするものである。

　　令和5年11月

サクラサイト被害全国連絡協議会

共同代表　武　井　共　夫

『サクラサイト被害救済の実務〔第２版〕』目次

第3章　各決済手段類型の仕組み

第4章　具体的な対処方法・問題点

第5章　占いサイトに関する具体的解決方法

資料編

◎凡　例◎

［法令名］

割販法　：　割賦販売法

景品表示法　：　不当景品類及び不当表示防止法

資金決済法　：　資金決済に関する法律

組織犯罪処罰法　：　組織的な犯罪の処罰及び犯罪収益の規制等に関する法律

出会い系サイト規制法　：　インターネット異性紹介事業を利用して児童を誘引する行為の規制等に関する法律

特定商取引法　：　特定商取引に関する法律

振り込め詐欺被害救済法　：　犯罪利用預金口座等に係る資金による被害回復分配金の支払等に関する法律

迷惑メール防止法　：　特定電子メールの送信の適正化等に関する法律

［判例集等］

民集　：　最高裁判所民事判例集

判時　：　判例時報

第1章

総　論

Ⅰ　サクラサイト被害とは

　サクラサイト被害は、サイト運営業者が主に「出会い系サイト」(「インターネット異性紹介事業を利用して児童を誘引する行為の規制等に関する法律」を俗に「出会い系サイト規制法」と呼称しているところであるが、この法律の定める「出会い系サイト」のこと)の仕組みを悪用して発生させている詐欺被害である。

　この「出会い系サイト」とは、簡単にいえば、「見知らぬ者同士がインターネット上の掲示板や電子メールのやりとりを通じて、知り合うことができるサイト」のことである。

　出会い系サイトでは、一般利用者は、出会い系サイトに登録すると運営業者からIDとパスワードが交付され、それらを入力することによりサイトを利用することができる。サイト内では、個人情報を開示することなく、ハンドルネーム(ニックネーム)でのやりとりができる。個人情報を開示する必要がないので、ある意味、安心して相手とのやりとりを楽しむことができるという利点がある。このように、一般の出会い系サイト自体は、有料で「出会いの場」を提供するサービスであるために、サイト内で何度か連絡を取り合ったもの同士が、個人的に連絡先の交換をしたうえで、サイトの外で連絡を取り合うことも、当然に想定されている。

　しかし、匿名性というメリットは、逆には、性別や年齢を偽ったり、他人の写真を自分のものとして送ったりして、容易に別人になりすますことを可能としている。また、メール相手の実在性も偽ることがシステム上は可能であるため、実際にはサイト運営業者が設定した架空のキャラクターである相手を、実在の会員と誤信して連絡を取り合ってしまうことも多い。

　そのため、一般の出会い系サイトの多くが、月額の固定料金としていたり、利用金額に上限を設けているのに対して、本書で取り上げるようなサクラサ

イトの特徴としては、都度課金方式をとり、よしんば利用金額の上限を設け
ているにせよ高額に設定されるなどして、サイト運営業者が、一般利用者に、
あの手この手を使ってメール送受信を頻繁に行わせ、サイト利用料名目ない
し手続費用名目で、高額の金銭を収奪する仕組みを、あらかじめ設定してい
ることが特徴である。

II　サクラサイト被害の歴史

1　実際の状況

　全国の消費生活センターに寄せられる相談の中で、「出会い系サイト」に関
する被害相談は、平成23年（2011年）度の2万6434件をはじめとし、平成24
年(2012年)度に2万1155件、平成25年(2013年)度に1万3908件、平成26年(2014
年) 度に1万3236件、平成27年 (2015年) 度に1万1198件、平成28年 (2016年)
度に9580件、平成29年 (2017年) 度に8717件、平成30年 (2018年) 度に8910件、
平成31年 (2019年) 度に8926件、令和2年 (2020年) 度に1万0599件、令和3
年 (2021年) 度に1万0255件となっており、なお年間1万件近くの相談があ
る状況である（⟨https://www.kokusen.go.jp/soudan_topics/data/deaikei.html⟩）。

2　被害報道

　出会い系サイト、サクラサイト被害については、独立行政法人国民生活セ
ンターが、平成20年6月5日、平成22年9月1日、平成23年12月1日、平
成24年4月19日、同年7月26日と短期間に複数回の報道発表を繰り返すほ
どの多くの被害が発生していることがわかる。
　国民生活センターでは、平成24年4月19日の報道発表資料以降、「サイト
業者に雇われたサクラが異性、タレント、社長、弁護士、占い師などのキャ

ラクターになりすまして、消費者の様々な気持ちを利用し、サイトに誘導し、メール交換等の有料サービスを利用させ、その度に支払いを続けさせるサイト」をサクラサイトと呼ぶようになった。それまでは、「悪質な『有料メール交換サイト』」（平成22年9月1日報道発表資料）とか「悪質"出会い系サイト"」（平成23年12月1日報道発表資料）などと呼称されていたものを、被害の実態にあわせて、呼称を変更したのである。

　以降も、国民生活センターでは、継続的に注意喚起報道をしており、新たなサクラサイトの類型に対する注意喚起も出されている。すなわち、サクラサイトは、従来のように、単に異性との出会いを餌にするだけではなく、「利益が得られる」ことを餌として、サイト運営業者が、一般利用者にメッセージ送受信を頻繁に行わせ、サイト利用料名目ないし手続費用名目で高額の金銭を収奪する類型等も近時は増えているため、国民生活センターは、令和2年（2020年）7月16日には「利益誘引型」のサクラサイトについても注意報道を出している。

3　刑事・民事上の責任

　出会い系サイトに関するトラブルは、すでに平成10年頃から頻発し始めて、平成15年には俗にいう出会い系サイト規制法が成立することとなった。それ以後も、出会い系サイトが1つのビジネスモデルとしてインターネット業界の中で存在感を示していくのとあわせて、自ら出会い系サイトに登録をした覚えがないのに出会い系サイトに登録させられたり、迷惑メールにより出会い系サイトに誘導されたりしたといった勧誘方法の問題や、多額の金銭提供や交際をちらつかせながら高額のサイト利用料金を費消させるといった悪質な運営手法をとる出会い系サイトが急増して、その業態自体が社会問題化するようになっていった。

　平成22年には、サクラを利用した出会い系サイト運営業者が摘発され、

関係者が逮捕されて有罪となり、サクラによる被害であることを認定し実刑判決を言い渡した刑事判決などのほか、民事事件でも、サクラによる詐欺的被害であることを認めた判決が言い渡された。

　その後も、平成24年6月には、大手出会い系サイト運営業者の幹部およびサクラとして働いていた従業員が逮捕され、組織的な犯罪の処罰及び犯罪収益の規制等に関する法律（組織的犯罪処罰法）違反（同法3条1項13号、刑法246条1項）で、実質的経営者には懲役12年（求刑15年）、サクラとしてメールのやりとりをしていただけのアルバイト従業員にも実刑判決が言い渡されたKING事件など、サクラサイト被害に関与した者の刑事責任も追及されるようになった。

　なお、「さくら」とは、一般的には、大道商人の仲間や講演会などで馴れ合いの拍手をしたり賛成したりする者を意味している。しかし、サクラサイトにおけるサクラは、後に詳述するが、サイト運営業者が直接または間接に使用しているサイト側従業員であったり、機械上で設定された架空のキャラクターであったりするのであり、一般利用者を当該サイトに誘い込み、あるいは誘い込んだ一般利用者に対し、自ら一般の利用者を装い、自分と同じ一般利用者だと信じている一般利用者に対し、利用料などの名目でサイトを利用するように仕向けている存在である。重要なのは、サクラが、自ら一般顧客に利用料の名目でお金を払わせる目的をもって、内容虚偽のメールを送り付けていることであり、そのサクラの行為自体が単独でも詐欺行為ともいうべき重大な違法行為となっていることである。

　本書で「サクラ」とは、このように、自ら詐欺行為というべき重大な違法行為を行っている者を意味している。

4　サクラサイト被害全国連絡協議会のこれまでの取組み

⑴　サクラサイト被害全国連絡協議会とは

　サクラサイト被害全国連絡協議会（以下、「連絡協議会」という）は、サクラサイト被害が増えてきている中で、サクラサイト被害の救済に取り組む全国の有志の弁護士によって結成され、平成23年7月に第1回連絡協議会が埼玉で開催された。現在では年2回、全国各地で連絡協議会が開催されている。[1]

　連絡協議会では、サクラサイト被害について、サクラサイト運営業者に対する責任追及に関する情報交換や、訴訟提起に向けての活動のほか、クレジットカード、電子マネー、コンビニエンスストア（以下、「コンビニ」という）収納代行等の決済システムの分析、さらには、決済システムに関与している悪質な決済代行業者等に対する責任追及に関しての情報交換等を行っている。

⑵　連絡協議会のこれまでの活動

　連絡協議会のこれまでの主な活動は、以下のとおりである。

⑷　全国一斉110番

　平成23年3月7日に第1回全国一斉110番を開催し、その後、ほぼ毎年全国一斉110番を行い、全国のサクラサイト被害の相談を受けている。最近では、サクラサイト被害のみならず、探偵事務所等による二次被害の相談や、占いサイト被害の相談も増加している。

⒝　全国集団提訴、一斉告発

　連絡協議会では、サクラサイト運営業者の大手であったインパクトグループやフロンティア21に対する各地域での集団訴訟や、悪質業者等を相手方とする全国集団提訴（平成25年6月24日に5県28件の提訴）、一斉刑事告発（ウ

1　サクラサイト被害全国連絡協議会ウェブサイト〈https://sakurahigai.kyogikai.org/〉参照。

イングネットグループ事件を含む出会い系サイト事業者に対する刑事告訴）、さらにはウイングネットグループの実質的黒幕と目された人物への刑事告発を行った。

(C)　意見書の提出、行政庁への情報提供、シンポジウムの開催

連絡協議会では、サクラサイト被害の撲滅を目的として、決済システムの悪用を防止するために、平成27年1月30日、割賦販売法改正に関する意見書を提出した。同年12月には、資金決済法改正に関する消費者委員会への電子マネー関連の被害集約に協力すべく情報提供をした。また、同年5月23日、東京において連絡協議会が主催となり、決済に関するシンポジウム「キャッシュレス時代の落とし穴」を開催し、同年6月27日には愛知県弁護士会が主催となり、決済に関するシンポジウムを開催した。

(3)　連絡協議会のこれまでの成果

(A)　個別の被害に対する救済方法の確立と発展

連絡協議会では、全国でサクラサイト運営業者に対する訴訟を提起しており、サクラサイト運営業者の責任を認めた多数の裁判例や和解例を蓄積しており、サクラサイト被害の救済方法の確立と発展に寄与してきた。

代表的な裁判例として、高額被害でありながら敗訴した事件の控訴審を連絡協議会の会員らが担当して、サイト運営業者の責任を認めさせた東京高判平成25・6・19判時2206号83頁（フロンティア21事件。詳細は第4章Ⅲ1(2)、Ⅴ参照。その後、同運営会社役員に対しても勝訴）がある。

(B)　被害相談の受け皿として

連絡協議会は、各地の消費生活センターと連携して、サクラサイト被害の被害者の相談の受け皿となっている。

(C)　大規模被害事件への対応

連絡協議会では、たとえば数年で数十億円以上もの被害を発生させるような、悪質なサイト運営業者に対する（こうした悪質業者は、表面上は別法人で

のサイト運営を装っていても、資金移転や使用するシステムおよび運営方法等の実態を調査すると、集団として組織的・一体的に活動していることがある）各地での被害に関して、被害情報を共有することにより、集団での訴訟活動や刑事手続を啓発する活動を行っている（インパクトグループ事件、フロンティア21事件、ウイングネット事件およびフリーワールド事件、フェニックス事件など）。

(D)　新しい決済方法および新しい詐欺手法による被害の対応

近時、アマゾンギフト等を利用した詐欺被害が発生しており（詳細は第4章Ⅱ 3 (2)(B)参照）、新たな被害救済の可能性について取り組んでいる。また、近時では、利益誘導型のサクラサイト、詐欺的な副業商法（サイドビジネス商法）、悪質な占いサイト被害、ロマンス詐欺被害等も増加しており、これらの対策にも取り組んでいる。

第2章

サクラサイト等
悪質サイトの手口・類型

I　サクラサイトの特徴

1　サクラが利用されている

　サクラサイトでは、サイト運営業者が、「サクラ」を雇い（あるいは自らが
サクラとなり）、そのサクラが被害者から送られてくるメッセージを読み、そ
れに対応したメッセージを作成・送信するという作業を行っている[2]。

　サクラは、複数の架空の利用者（以下、「キャラクター」という）になる。あ
るときは被害者と同じ「サイト登録者」として、あるときは運営者側の「カ
スタマーセンター」として、被害者に対してメッセージを送り続ける。サク
ラがサイト登録者として振る舞う場合にも、サクラは複数のキャラクターを
使い分けている。たとえば、「冬美」になりすましたサクラは、「冬美」の娘で
ある「凛」にもなりすまし、さらに「冬美」の会社の部下である「神崎」にも
なりすます等である。

　サクラサイトの規模が大きくなると、被害者から送られてくる大量のメッ
セージに対応するため、サクラサイト運営業者としてもサクラを数人から数
十人の規模で確保する必要がある。サクラサイト運営業者は、「メールアポ
インター」などの名称でアルバイトを募集している[3]。

2　サクラサイトが「サクラ」を利用していることを認めた代表的な裁判例として、東京
　高判平成25・6・19判時2206号83頁、名古屋地判平成26・3・4判例集未登載（平成
　24年㈠第2827号）、東京地判平成24・6・29判例集未登載（平成24年合㈬第52号）など
　がある。
3　実際に、以下のような広告例がある。「弊社は、業界最大手のコミュニティーサイト
　の企画から運営・管理する会社で様々なサイトを運営しています。運営・管理スタッフ
　は自分の担当サイトを受け持ち、ユーザー様やクライアント様に喜んでいただけるよう、
　検索方法・サイトのレイアウト・サイトの使い勝手の研究などコンテンツの企画・ディ
　レクションに頭を捻ります」、「最初の3か月間は基礎を学んで頂くために、ルーチンワー
　クが発生します。その後は未経験でも絶対的にチャレンジできる環境があります」。

　これらの募集で集まったアルバイトは、被害者から送られてくるメッセージを読み、新たにメッセージを作成・送信する業務を行っている。[4]

2　「サクラサイトシステム」が販売・利用されている

　後記3で解説するように、サクラサイトは、被害者に「ポイント」を購入させることで違法収益を上げている。サイト運営業者は、被害者の有するポイントを管理しなければならない。

　また、被害者がログインしたマイページには、被害者自身が登録したハンドルネームや住所地などの情報、被害者に届いた（サクラが作成した）メッセージ、被害者自身がキャラクターに対して送信したメッセージの履歴等も表示させる必要がある。

　これらを表示させるには、プログラミングの専門の知識がなければ難しいのではないかと思うかもしれないが、「サクラサイトシステム」[5]なるものが開発・販売されていることがわかっている。つまり、サクラサイトは、プログラミングの専門の知識がなければ参入することのできない難しい商法ではなく、誰でも、簡単に、参入することができるものなのである。

　サクラサイトシステムはサイト運営業者に大変便利なように作られている。たとえば、管理者がキャラクターを作成し、一般会員を装ってキャラクター名で他の一般会員とメッセージのやりとりをしたり、一般会員とはいっさいやりとりができず、サクラとしかやりとりができない設定にもできる。また、サイト運営業者が設定を変更することによって利用者のポイント数を

4　連絡協議会所属の弁護士がアルバイト募集広告に記載されていた勤務地を調査したところ、ある一室で、大量のアルバイトがパソコンに向かいメッセージを作成していたことを確認した。

5　「高性能出会い系サイトプログラム」などと銘打って販売されていることが確認されている。同プログラムの広告には、「主な機能一覧」として、会員登録機能、充実したポイントシステム、会員管理機能、サクラ書込機能、会員あて一斉メール送信機能、などが記載されていた。

突然ゼロにさせたり、逆に、ポイントを購入しなくてもポイントを追加したりする設定にもできる。

3　メッセージの送受信はサクラサイト内でしかできない

サクラサイトは、サイト内でポイントを購入させることで違法収益を上げている。サイト運営業者の視点からすれば、被害者に、サクラサイト内でメッセージを送受信してもらわなければならない。そのため、通常、被害者がメッセージの送受信を行うキャラクターのEメールアドレスが判明することはなく、サクラサイト内だけでしかキャラクターとメッセージの送受信ができない[6]。

被害者のサクラサイト内のIDあてにメッセージが届いた場合、被害者がサクラサイトに登録したEメールアドレスに、サイト内にメッセージが届い

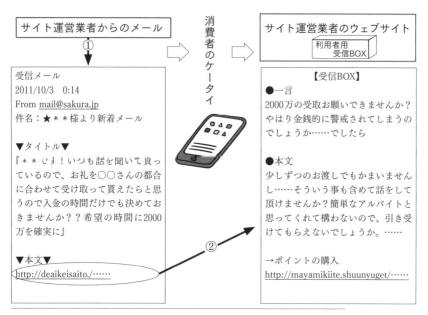

6　ある程度メッセージの送受信が継続した場合、被害者にサクラではないと信用させるために、あえてEメールアドレスを教示する例もある。

た旨のEメールが届く。被害者は、この通知によって、サイト内にメッセージが届いたことを知ることができる。

4　サクラサイトはどのようにして違法収益を上げているか

⑴　ポイント料

サクラサイトを利用するためには、携帯電話会社への通信料のほかにメッセージ送受信のための「利用料」をサイト運営業者に支払うことが必要とされる。[7] 利用料については、サクラサイト被害の事案のほとんどは、「従量制」または「都度課金」と呼ばれ、掲示板を見る、メッセージを送る、メッセージを読む、画像を見るなど、1つひとつの操作に課金されるシステムとなっている。それぞれの操作ごとに「ポイント数」が決まっており、被害者は、ポイントを購入してこれらの操作を行うことになる。[8] この操作ごとに課金される都度課金の制度は、詐欺的なサクラサイトの大きな特徴の1つである。

ポイントの購入には、銀行振込、前払式電子マネー（コンビニエンスストアで購入可）、コンビニ収納代行の利用、クレジットカード決済、プリペイド式クレジットカード決済など、複数の支払手段を選択することができる。

サクラサイト商法は、サイト内のメッセージの送受信に必要なポイントをサイト利用者に購入させることにより違法収益を上げている。したがって、メールの送受信が無料であるEメールとは本質的に異なる（なお、本書では、Eメールと明確に区別するため、原則的に、サクラサイト内でのメールのことを「メッセージ」と記載している）。

7　稀に無料のサイトもある。
8　サクラサイトによってさまざまであるが、メッセージの1送受信（1往復のやりとり）に40〜60ポイント（＝400〜600円）かかることが多い。

(2)　その他の費用

　多くのサクラサイト被害は、上記の「ポイント料」によるものであるが、被害者がサイト内のキャラクターの実在性を全く疑っていないことが明らかになった場合[9]は、サイト運営業者は、ポイント料以外にも金銭を詐取しようと企ててくる。

　たとえば、個人情報（Eメールアドレスなど）の文字化け解除料と称し、カスタマーセンターから50万円を振り込むように依頼されたり、○○ランク会員になればメッセージの送受信がすべて無料になる、○○会員になるためには10万ポイントが必要である、などとサイト統括マネージャーを名乗るキャラクターから指示されたりするなどである。

　このようなメッセージの内容を信じた被害者は、メッセージの内容のとおりにサイト指定の口座に振り込んだりするなどして、ポイント料以外にも金員を詐取されてしまう。

II　近年多発しているサクラサイト等の手口

1　サクラサイトへの誘導

　サクラサイトへは、従前、無差別かつ大量に送信される、いわゆる「スパムメール」から誘導されるケースや、懸賞サイトやゲームサイト、あるいはFacebook等に代表される交流サイトやLINEから誘導されるケースが散見された。

9　サクラが扮するキャラクターが、たとえば、「○○駅に○時に○○という服装で会いに来て」「駅に着いたら写メを送って」などとメッセージを送り、被害者がそのとおりに行動した場合などは、被害者がキャラクターの存在を信じ切っていることが明らかになる。サイト運営業者は、被害者がどの程度サイトを信用しているのか、このようなメッセージで調査している。

誘導されたサイトは、当初は無料でメッセージのやりとりができるなどという触れ込みがある場合もあるが[10]、途中から、メッセージの送信または受信に必ずポイントが必要になる。

また、いったんサクラサイトに登録してしまうと、サクラサイト運営業者が複数のサイトを運営していることが多いために、他のサクラサイトにも勝手に登録され、同サイトからメッセージの受信通知が大量に送られてくる場合が多い。

2　サクラサイト内でのメッセージのやりとり

サクラサイト運営業者はサクラを用いて、決して実際に面会等することなく、以下のように多種多様な態様により、利用料その他の金員を詐取する。

①　異性を装い、気を持たせたりデートや性行為をほのめかしたりしつつメッセージのやりとりを継続させ、利用料を支払わせる【出会えない型】

②　精神的に病んでいる、余命があとわずかである等の文句により、利用者を同情させてやりとりを継続させ、利用料を支払わせる【同情型】

③　高額な配当金・懸賞金・支援金の支払いを謳い文句にし、支払手続に費用が必要との名目で金員を支払わせる【利益誘引型】

④　有名人・著名人を名乗り、「悩みを打ち明ける人はあなたしかいない」とのメッセージを送ったり、同有名人のマネージャーを名乗り、「○○の仕事をサポートできるのはあなたしかいない」などのメッセージを送ったりしてやりとりを継続させ、利用料を支払わせる【芸能人なりすまし型】

⑤　数人でゲームをしている状況になり、被害者が抜けようとすると「あなたが抜けると負けてしまう」「私もあなたと同じだけポイントを払っ

10　本当に無料の場合と、一定ポイントが最初に与えられる場合とがある。本当に無料のサイトの場合、さらにポイント料のかかるサイトへと誘導される。

ている」「もう少しいっしょにがんばろうよ！」などのメッセージを送り、やりとりを継続させ、利用料を支払わせる【ゲーム型】

サクラサイト内でのやりとりの一般的な特徴としては、被害者にメッセージの送受信を継続させるために、①キャラクターが実在すると思わせる内容と②メッセージの内容が真実であれば被害者に利益がある内容を、いわばエサとして被害者を欺罔し、③無意味にメッセージを送らせようとする内容のものを送る、という傾向がみられる。

たとえば、実際の事例では、外国人のキャラクターを登場させ、「○○サン！オカネはコンビニ預けたら受けとりはいつこれるデスか？」「本日、明日、アサッテ、シアサッテ」「選ぶデース！」などのメッセージがサクラサイト内で利用者に対して送られた。

これは、①キャラクターが実在する外国人であると思わせるような文面で、②お金が受け取れるという被害者に利益のある内容になっており、③本日、明日、明後日、明々後日を指定して、メッセージの返信を促す内容になっている。これに対し、「本日」とメッセージを返信すると、「本日の何時か」というメッセージが送られてきて、何時かを指定するメッセージを送らせようとするわけである。

なお、サクラサイト内で利用者にメッセージのやりとりをさせるための詐欺文句は多種多様であり、上記の類型に限られるものではない。

3　その他の類型——占い

さらに、上記類型の亜種のような形で、「占い」を標榜する占いサイトに登録させる被害もある。占いサイトでも、占い師を自称するサクラが登場するが、「○○運を上げるためには、【●●】と送信しなさい」などと、被害者にメッセージの送信を迫るメッセージが送られてくる。被害者がすでに登録されているサクラサイトである程度の個人情報を教えてしまっている場合は、サイ

トが被害者に応じて勧誘文言を工夫し、被害者をより信じ込ませやすくすることも容易である。

　占いサイトにおいても、サクラサイトと同様に、メッセージの送受信により「占い」をすることに主眼があるのではなく、メッセージの送受信をさせ、被害者にポイント料を費消させることが目的である。

4　サクラサイトの違法性

　このようなサクラサイトにおける一連のやりとりで利益を得るのは、サイト運営業者のみである。

　サイト運営業者の、利用者に登録させサイトの利用を続けさせるという一連の行為は、虚偽の事実を申告して利用者を欺き誤信させ、利用者にサイトの利用を継続させることによって金員を支払わせるためになされている行為であり、利用者に対する詐欺行為といえる。「サクラサイト」は、サイト運営業者が、自らが利益を得るために、利用者のさまざまな心理に付け込んで利用者を欺いて誤信させ、利用者の誤信に乗じて利用者から金員を詐取する目的で設計された、詐欺の手段にほかならないといえる。

　サクラサイトを使ってなされるサイト運営業者の一連の行為は利用者に対する不法行為を構成するものであり、構造的に違法であるといわざるを得ない。

第3章

各決済手段類型の仕組み

I　銀行振込による決済

　サクラサイト運営業者が、被害者に利用料等の金員を銀行口座に振り込ませる形式の被害は、いわば被害の基本形である。

　被害者に、①加害サイト運営業者自らの法人名義口座に振り込ませるものが典型的であるが、②（口座凍結を避けるために）自らのグループ法人の口座に振り込ませる例、③決済代行業者（またはそれを名乗る業者）が提供する口座に振り込ませる例もみられる。決済代行業者の中には、大手金融機関の提供するバーチャル口座を使った入金管理システムを利用している業者も少数ながら存在する。

II　クレジットカード決済

1　クレジットカード決済による被害とは

　サクラサイト運営業者が、被害者にクレジットカード決済の方法を利用して金員を支払わせる形式の被害である。

2　クレジットカード決済の決済方法

　決済の具体的方法は、クレジットカードによる決済がなされる場合、決済画面において、クレジットカード番号等を入力することにより決済がなされる。その結果、クレジットカード会社からサクラサイト運営業者に料金が支払われ、後日、クレジットカード会社が立て替えて支払った金員を利用者がクレジットカード会社に支払う、というものである。

3　サクラサイト被害におけるクレジットカード決済の特徴

　このようなクレジットカード決済をなしうる場合、販売店または役務提供者がクレジット会社の加盟店になっていることが通常である。しかし、サクラサイト運営業者においては、クレジット会社の直接の加盟店にはなれないことが多い（特に国内の信販会社は、この種のトラブルの多い業者を直接的にも間接的にも加盟店とすることを避けている）。そのため、サイト運営業者は、決済代行業者（上記の理由から多くは、海外金融機関を通じて決済をさせる）を間に介在させることにより、クレジットカード決済がなされることが一般的である（決済代行業者につき、後記Ⅵ参照）。

　それゆえ、多くは（国内の）カード発行会社（イシュアー）との直接契約（オンアス方式）ではなく、国際ブランドを通じて提携関係のある別のクレジット会社（アクワイアラー）との間で加盟店契約を結んでいることも多い（オフアス方式またはノンオンアス方式）。そして、決済代行業者、アクワイアラーが海外業者であることが多く（クロスボーダー（越境）取引）、その場合、ドルやユーロなどの海外通貨建ての決済とされていることが通常である。

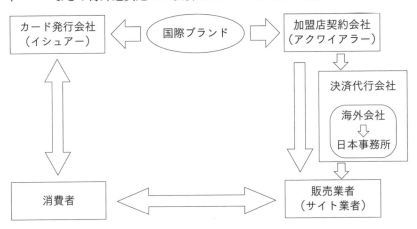

　なお、クレジットカードを利用した場合、サクラサイト被害においては、その支払方法のほとんどが翌月1回払いとされている。

Ⅲ　電子マネー決済

1　電子マネーとは

　電子マネーとは、端的にいうと、お金を電子的データに変換したものである。電子マネー会社にお金を支払い、その代わりに電子的データが発行される。この電子的データをやりとりして、決済を行う。お金を先に支払って電子マネーが発行されることから、電子マネーは「前払式」支払手段の一種である。

　電子的データを記憶する媒体として、たとえば、Suica等のICカードがある。ICカード自体にお金の電子的データが記憶されており、それを読み取ることによって決済する。

　しかし、サクラサイト被害で利用されるのは、このようにカードが存在する電子マネーではなく、カードがない「サーバー型電子マネー」と呼ばれるものである。なお、サーバーとは、「ネットワークでつながったコンピュータ上で他のコンピュータにファイルやデータ等を提供するコンピュータ」のことである。性能と役割が違うだけで、中身の構造はパソコンと変わらない。

　サーバー型電子マネーの場合、お金の電子的データは電子マネー業者のサーバーに記録されている。そして、ネットワーク上のサーバー同士のやりとりで決済が完了する。

　サーバー型電子マネーは、インターネットやコンビニエンスストアで購入できる。購入した電子マネーはIDで識別される。IDのみで識別されるので、IDさえ知っていれば誰でも使用できるのが最大の特徴である。

2　電子マネー発行業者に対する法的規制

　資金決済法は、「前払式支払手段」を、「自家型前払式支払手段」と「第三者型前払式支払手段」に区別している。「自家型前払式支払手段」とは、発行者の店舗においてのみ利用することができる前払式支払手段のことであり、「第三者型前払式支払手段」とは、それ以外の支払手段を指す。

　サクラサイトにおいて使用される電子マネーは、発行者以外の店舗で使用できる前払式支払手段であるから、「第三者型前払式支払手段」に該当する。なお、よく利用されるアマゾンギフト券も、アマゾンのサイト運営者とは別の会社（日本ではAmazon Gift Cards Japan株式会社）が発行しているので、「第三者型前払式支払手段」に該当する。

　この「第三者型前払式支払手段」の発行業務には、資金決済法上、主として下記の規制がある。

①　内閣総理大臣の登録を受けた法人でなければ、行ってはならない（7条）。

②　前払式支払手段により購入もしくは借受けを行い、もしくは給付を受けることができる物品または提供を受けることができる役務が、公の秩序または善良の風俗を害し、または害するおそれがあるものでないことを確保するために必要な措置を講じていない法人は、登録できない（10条3号）。

③　内閣総理大臣は、前払式支払手段発行者の前払式支払手段の発行の業務の運営に関し、前払式支払手段の利用者の利益を害する事実があると認めるときは、その利用者の利益の保護のために必要な限度において、当該前払式支払手段発行者に対し、当該業務の運営の改善に必要な措置をとるべきことを命ずることができる（25条。業務改善命令）。

④　上記②の登録拒否事由に該当するとき、内閣総理大臣によって、登録

の取消し、または6カ月以内の期間を定めた第三者型前払式支払手段の発行の業務の全部もしくは一部の停止を命じられる（27条）。

⑤　前払式支払手段の発行および利用に関する利用者からの苦情の適切かつ迅速な処理のために必要な措置を講じなければならない（21条の2。苦情処理に関する措置）。

このほか、金融庁が事務ガイドライン（第三分冊：金融会社関係「5　前払式支払手段発行者関係」）を定めており、第三者型前払式支払手段の発行の業務を行うにあたって、加盟店の管理を適切に行うこと等が書かれている。具体的には、「法第10条第1項第3号に規定する『公の秩序又は善良の風俗を害し、又は害するおそれがある』とは、犯罪行為に該当するなどの悪質性が強い場合のみならず、社会的妥当性を欠き、又は欠くおそれがある場合を広く含むものであり、こうしたものが含まれないように加盟店管理を適切に行う必要があることに十分留意する」等と定められている。

3　サクラサイトにおける電子マネーの決済形態

サクラサイトにおける電子マネーの決済形態は大きく分けると下記の2種類がある。

(1)　直接決済型

直接決済型は、電子マネーをインターネット上で直接使用することで完結する決済である（内閣府消費者委員会「電子マネーに関する消費者問題についての調査報告及び建議の概要」（平成27年8月18日。以下、「調査報告及び建議概要」という）はこの類型を「悪質加盟店型」と呼んでいる）。サクラサイト運営業者自体または決済代行業者が電子マネー業者の加盟店となっている場合、この形態がとられる。

なお、サクラサイト運営業者または決済代行業者は、使用された電子マネー分の現金を電子マネー業者から後で支払ってもらう。つまり、最終的には電

子マネー業者を通じて電子マネーが現金化される。流れは以下のとおりである（説明の簡略化のため、サクラサイト運営業者自身が電子マネー加盟店である場合を前提とする。実際には決済代行業者が加盟店となり、電子マネー業者とサクラサイト業者の間に入る場合がほとんどである。なお、決済代行業者とサクラサイト業者のいずれか、あるいは双方が海外の業者であるケースも増えている）。

①　電子マネー発行会社に代金を支払って電子マネーを購入（発行会社のサイトでのクレジットカード払い、またはコンビニでの現金払い等で代金を支払う）。

②　発行会社から電子マネーのID（英数字やひらがなからなる番号）が（コンビニ購入の場合はコンビニを介して）購入者に付与される。

③　加盟店のサイトで上記IDを入力し、電子マネーを使用する。

④　加盟店は電子マネーの対価として商品、役務を提供する。

⑤　加盟店は電子マネーのIDを電子マネー発行会社に通知する。

⑥　電子マネー発行会社はIDの支払情報をもとに加盟店と決済する（加盟店はこれにより現金を得る）。

〈図1〉　直接決済型

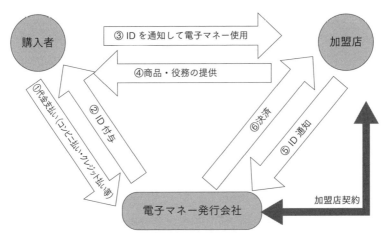

(2)　譲渡型

　譲渡型は、電子マネーをサクラサイト運営業者に譲渡することで完結する決済である（調査報告及び建議概要ではこの類型を「プリカ詐欺」と呼んでいる）。具体的にいうと、電子マネーのIDを電話やメールでサクラサイト運営業者に伝える。前述のとおり、IDさえあれば電子マネーは使用できるので、IDを教えることは、電子マネーを譲渡するのと同じである。

　サクラサイト運営業者は、譲渡された電子マネーをインターネット上のRMT業者に売却するか、またはRMT業者の仲介で個人へ売却して現金化していると思われる。なお、RMTとは「リアル・マネー・トレード」の略である。RMT業者は、電子マネーを買い取り、それを転売することで利益を得たり、個人間の電子マネー売買を仲介して仲介手数料を得ている業者である。

　譲渡型の場合、決済が完了するまでの間に、他の業者は介在しない。したがって、電子マネー業者や決済代行業者を辿ってサクラサイト運営業者を特定することができない。サクラサイト自体にも連絡先等の記載はない。

　また、被害者が、購入した電子マネーのIDが記載された紙やカードを捨ててしまうケースがあるので、譲渡した電子マネーの特定や被害額の特定すらできない場合がある。

　電子マネーによる決済がされた事案のうち、最も解決困難となっているのがこの譲渡型の事案であるといえる。アマゾンギフト券が使用されるケースが多い。

　単純化した流れを示すと下記のとおりである（簡略化のため、RMT業者が電子マネーを直接買い取る場合を前提とする）。

① 　電子マネー発行会社に代金を支払って電子マネーを購入（発行会社のサイトでのクレジットカード払い、またはコンビニでの現金払い等で代金を支払う）。

② 　発行会社から電子マネーのID（英数字からなる番号）が（コンビニ購入の

場合はコンビニを介して）購入者に付与される。

③　サクラサイト運営業者に対し、電子マネーを譲渡する（メールや電話
　　でIDを通知する）。

④　サクラサイト運営業者は電子マネーの対価として商品、役務を提供す
　　る。

⑤　サクラサイト運営業者は電子マネーをRMT業者に転売する（IDを
　　RMT業者に伝える）。

⑥　RMT業者は譲渡の対価をサクラサイト運営業者に支払う。

　これを図示すると〈図2〉のとおりである。電子マネー会社とサクラサイ
ト運営業者の間に何のつながりもないのが特徴である。

〈図2〉　譲渡型

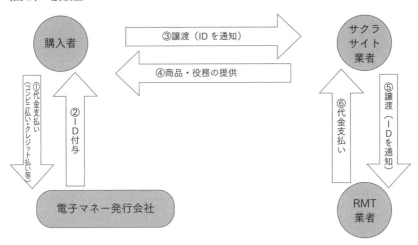

Ⅳ　コンビニ収納代行決済

1　コンビニ収納代行決済による被害とは

サクラサイト運営業者が、被害者にコンビニ収納代行決済の方法を利用して金員を支払わせる形式の被害である。

2　コンビニ収納代行決済の決済方法

コンビニ収納代行決済とは、コンビニが、商品販売者やサービス提供者のために、店頭で現金の支払いを受け取る決済方法である。

コンビニは全国的に多数の店舗を持ち、24時間営業も多いため、現金決済における利便性が非常に高い。そのコンビニを利用した決済手段の1つである収納代行は、主に公共料金の支払いなどで広く利用されてきた。

もっとも、サクラサイト被害で利用されるコンビニ収納代行決済は、公共料金のようにあらかじめ発行された払込票を利用するものではなく、たとえば、サイトの決済画面でコンビニ収納代行を選択し、表示された企業コード番号・商品コード番号等を控えてコンビニへ赴き、設置されている機械へこれらのコード番号等を入力し、出てきたバーコード付きの取扱明細兼領収書をレジにて示し現金を支払うといった、ペーパーレス方式である。

3　サクラサイト詐欺におけるコンビニ収納代行の特徴

サクラサイト詐欺においては、通常、サクラサイト運営業者がコンビニと直接加盟店契約をすることはなく、中間にさらなる収納代行業者（決済代行業者）が介在する。すなわち、①コンビニ・決済代行業者間と、②決済代行業者・サクラサイト運営業者間の、2つ（あるいはそれ以上）の収納代行契約

が存在し、コンビニが受領した弁済金は、まず決済代行業者へと移転し、その後サクラサイト運営業者へと移転することになる（〈図3〉参照）。

　なお、サクラサイト詐欺の決済においては、収納代行業者を名乗りながら、実際には詐欺行為を共謀して行う組織の一員にすぎないケースがある。この「自称」収納代行業者は、組織的詐欺行為の一環として、自ら受領した決済金について形式上の債権者に移転させた外形を作出しつつ、実際には首謀者等へと移転させて被害金を隠匿する役割を担う。単なる詐欺（故意）の共同不法行為者であって、その責任と「通常の」収納代行業者をめぐる責任論とは区別する必要がある（参考判例として、岡山地判令和5・1・24判例集未登載（令和3年㋙第741号〜第744号）、東京地判令和3・5・19（LEX/DB、ウエストロー）、福岡地判平成31・2・22判時2418号104頁、東京地判平成29・5・10（LEX/DB、ウエストロー）など）。

4　収納代行に対する法的規制

　収納代行業者については、従前から、隔地者間の現金輸送を伴わない資金移動として、銀行法や資金決済法の規制対象となる「為替取引」に該当するのではないかとの指摘があり、令和2年の資金決済法改正時にはあらためてこの点が議論され、①債権者が個人の場合の収納代行業務については「為替取引」に該当することが明記された（資金決済法2条の2）。

　しかし、改正の主要な論点が収納代行業者破綻時のリスク負担であったため（金融審議会「決済法制及び金融サービス仲介法制に関するワーキング・グルー

〈図3〉　コンビニ収納代行型

プ報告」（令和元年12月20日））、②債権者が事業者である場合の収納代行業務については、資金決済法の規制対象として明示されなかった。

コンビニ収納代行については、債権者（売主）にあたる決済代行業者やサイト運営業者が②の事業者であるため、資金決済法における明示の規制対象ではない（なお、収納代行業務自体の為替取引該当性が否定されるものではない）。

V　その他の決済手段

1　総　論

サクラサイトに利用されうる決済手段は、非対面の決済手段とならざるを得ない。本書で説明している銀行振込、クレジットカード、電子マネー、コンビニ収納代行、決済代行は、いずれも支払うサクラサイト事業者と直接対面することなく決済が可能な決済手段である。

非対面で利用されうる決済手段は、分類すると、①サクラサイト事業者が支払手段を提供する決済事業者の加盟店等（決済代行の加盟店として決済代行を介在する場合を含む）として決済手段の支払先（名あて人）となる場合と、②電子的なギフトカードのように第三者に譲渡することを想定する電子マネー等を購入させて被害者からサクラサイト事業者が譲渡を受ける場合とが想定されうる。①のサクラサイト事業者が決済手段の加盟店となる場合には、決済事業者または決済代行業者がどこまで厳格に加盟店管理をしているかによってサクラサイト被害に利用される可能性が異なってくる。②の第三者に譲渡可能な電子マネー等をサクラサイトの運営事業者に譲渡するという場合には、電子マネー等を受領したうえで換金する必要があるため、電子マネー等の汎用性・匿名性や取得後の転売の容易さがサクラサイト課金への利用の可能性にかかわってくる。サクラサイト事業者は、加盟店管理の厳格さや電

子マネー等の換金性に着目して決済手段を選択してくるものといえる。

2　資金移動型（PayPal）

　PayPalは、米国インターネットオークションサイトのe-bayの決済手段として クレジットカード番号を支払先に知らせることなく決済できる決済手段として登場した決済手段である。インターネットオークションの支払手段として発生したという出自から、支払先は個人でも事業者でもよく、PayPalを利用するときは、送金者と送金先となる者はPayPalにアカウントを登録する。送金者はPayPalにクレジットカード番号を登録し、PayPalからクレジットカード決済によって支払先に対して送金することが可能になる。送金先に対してはメールアドレスのみが知らされ、それ以上の個人情報を知られることはない。サクラサイト事業者に対し、サイト利用者はクレジットカードによって送金することになり、PayPalはクレジットカード決済における決済代行と同じ機能を果たしている。

3　キャリア決済

　携帯電話の三大キャリアは、auかんたん決済（KDDI）、ドコモケータイ払い、dケータイ払いプラス（NTTdocomo）、ソフトバンクまとめて支払（SoftBank）といった各サービス名称で携帯電話の通信料合算方式による後払いを利用して支払いをする決済手段を提供している。キャリアでの登録ID等と4桁の暗証番号によって決済が可能であるので、決済手段としての心理的な敷居が低くなる。デジタルコンテンツの支払いもこうしたキャリア決済ができるものとなっているので、加盟店がサイトやアプリでサービス提供している場合にもコンテンツ利用料金としての支払いが可能になっている。キャリアは加盟店から債権譲渡を受けるか立替払構成をとっている。

　一時期auかんたん決済でのサクラサイトトラブルが発生していたので、

ここではもっぱらauかんたん決済を例にとって説明する。

　auかんたん決済では、通信料合算方式による決済のほか、クレジットカード、WebMoney、au PAYカード支払い、au PAY残高支払いにより決済することが可能となっており、クレジットカードや電子マネー等の支払いという支払手段をとる場合にはクレジットカードや電子マネー決済における決済代行の機能を担っている。

　キャリア決済の特徴は、支払方法において通信料と合算して請求がなされる支払方法を備えていることである。通信料合算方式では、通信料とともに利用料金を支払うことになるが、この場合には債権譲渡によりauが利用料金を取得して請求する形式をとっている。通信料をクレジットカード払いにしていると、クレジットカード利用と同じようにユーザーの決済はクレジットカードとなる。サクラサイトでの被害事例をみると、KDDIと加盟店契約を締結したサクラサイトの利用料金が通信料合算方式での請求がなされる例がみられ、この場合はもっぱらKDDIの加盟店審査・管理の問題として取り扱うことになる。

　現実には、通信料合算方式での支払いは、キャリア決済部分に問題があったとしてもキャリア決済部分と通信料とを切り離してキャリア決済部分のみの支払拒絶をキャリアが認めてくれず、キャリア決済部分のみの支払留保をしようとすると通信料金の不払いリスクを抱えることがある。

4　コード決済

　スマートフォンの普及により、スマートフォン画面にQRコードやバーコードを表示させて決済ができるコード決済が普及してきている。「○○ペイ」という名称で広まっているものであるが、同じコード決済といわれるものでも、各コード決済の法的な枠組みは一様ではない。

　銀行により銀行預金から引き落とされるものは銀行法、後払いのものは割

賦販売法、前払式で他のスマートフォン所有者等に金額を移転できたり所持者が引き出したりできるものは資金決済法上の資金移動業（この場合、利用するには本人確認が必要となる）、前払式で移転や払戻不可のものは前払式支払手段として規制されている。

5　Ｖプリカ・その他バーチャルカード

　Ｖプリカは、ライフカード株式会社が提供しているサーバー型バーチャルプリペイドカード（サーバー型前払式支払手段）である。国際ブランドのVISAを利用したプリペイドカードであるが、物理的なカード発行なくしてオンライン上で仮想のプリペイドカードを発行し、カード情報を取得したユーザーは即時にインターネット上の決済専用としてVISAカードと同様に利用ができる。

　VISAカードが利用できる加盟店での決済に利用でき、Ｖプリカは匿名性も高く、Ｖプリカの発行コードを知らせるだけで事実上譲渡できたので、Ｖプリカがサクラサイトや架空請求で利用されるなど詐欺的取引に多用されたため、発行会社が対策を講じることとなり、１枚ごと３万円を上限とする等の処置がされ、また、他の電子マネー等の支払手段も普及したことからＶプリカによる被害は少なくなり、現在はサクラサイト被害で利用されたケースはほとんどみられないが、振り込め詐欺でのＶプリカ詐取事件は現在でもまだ見受けられる。

　なお、Mastercardブランドを付したWebMoneyプリペイドカードも発行されており、Mastercardカードの加盟店でも利用できるようになっている。

　Ｖプリカはプラスチックカードの発行を伴わないバーチャルカードの先駆といえるが、他のクレジット会社等もインターネット上でのみ利用できる国際ブランドを利用したバーチャルカード（前払いのものも後払いのものもある）を発行している。前払いのものは資金決済法上の前払式支払手段として、

後払いのものは割賦販売法の適用がある。後払い以外は、ほぼ即時発行ができ審査不要だが限度額は低額としているものが多く、多額被害は生じにくい。

6　デビットカード

　デビットカードは、銀行預金残高から原則として即時払いで支払われる決済方法である。銀行預金のキャッシュカードがそのままデビットカードとなるJ-Debitと国際ブランドによるブランドデビットがある。

　J-Debitは、キャッシュカードがそのまま商品やサービスの支払手段として利用できるもので、J-Debitに参加する加盟店で利用できる。一部の加盟店ではキャッシュアウトサービスも利用できるが、支払いにはキャッシュカードが必要なため、オンライン決済がなされるサクラサイトではJ-Debitは利用できない。

　ブランドデビットは、国際ブランドと同じ決済ネットワークシステムで取り扱われているもので、銀行が発行するカードに付された国際ブランドのクレジットカードが利用できる加盟店で利用できる。ブランドデビットの利用の仕方はクレジットカードと同じで支払方法が異なるのみであるからインターネット上でも決済に利用できる。

　そのため、ブランドデビットはサクラサイト課金でもクレジットカードを取り扱っていれば利用できるが、銀行預金から支払額を即時に引き落とすのが原則であるから預金残高以下の額でしか決済できない。ただし、ブランドデビットは、国際ブランドのルールに従って利用されるものなので、クレジットカードと同様にチャージバックルールの適用可能性がある。

7　Google Play・iTunes・アマゾンギフト等

　GoogleやAppleなどスマートフォンのプラットフォームを構築して、プラットフォーム上でのアプリやサービスの決済手段を提供している会社があ

る。スマートフォンのOSであるAndroidやiOS上でのアプリの購入代金やデジタルコンテンツの支払手段として利用できる。これらの支払手段は、プラットフォーマーを通してクレジットカードや電子マネーにより支払いが可能となっている。AppleIDの決済においては平成28年8月からauかんたん決済も可能となった。

　これらの支払手段を利用してアプリやサービスの決済をするサクラサイト等もあり、この場合には支払手段を提供しているGoogle、Apple、Amazonの加盟店管理責任も問題になりうる。また、Google等のプラットフォーマーかそれらの関連会社が発行するコンビニなどで売られているプリペイドカード（電子マネー）を利用した詐欺被害も多い。

　アマゾンギフトも含め、コンビニ等でギフトカードとしてプリペイドカードとして販売されているものは、カードに記載され、または購入時に発行される番号またはコードを知らせることで事実上第三者に譲渡することができる。この点は、前述のⅤプリカによって被害が発生していたことと共通している。

　オンラインでギフトカードを発行している場合には、サーバー型バーチャルプリペイドカードと同じ支払手段として考えればよい。

8　暗号資産

　ビットコイン等の暗号資産が決済に利用される可能性があるが、暗号資産は各国通貨とのレートの変動が大きいため投機対象として利用されることが多く、決済手段としての利用は日本ではそれほど普及していない。

　国際送金手段としては取引手数料が比較的低廉のため海外送金手段としては利用価値があるため、海外のサクラサイトとの決済に利用するという形は考えられるものの、海外事業者が運営していると自称するサクラサイトは実質的には国内事業者によって運営されていると思われるものが多いので、海

外事業者に外国通貨または暗号資産で支払う必要性が低く、送金の手段として利用される可能性は低いと思われる。暗号資産は、今後もサクラサイト被害発生に用いられることが拡大することは考えにくい。むしろ、現状では、国際的な移転が容易であり追跡が困難であることから、暗号資産を利用した国際ロマンス詐欺の支払手段として利用されている。

Ⅵ　決済代行（サクラサイトに利用させている決済代行）

1　サクラサイト被害における決済代行業者

　決済代行業者は、アクワイアラーとサイト事業者（加盟店）の間に入り、本来、アクワイアラーの加盟店審査を通らないような零細業者にもクレジットカード決済が利用可能となる仕組みを提供するものである。

　しかし、サクラサイト運営業者のような悪質加盟店に対してもクレジットカード決済機能を提供してしまうマイナスの側面も存在する。

　日本国内にも多数の決済代行業者が存在するが、サクラサイト被害において、サクラサイト運営業者とアクワイアラーを結ぶ決済代行業者は一部の限られた業者に集中しているのが現状である。したがって、一部の悪質な決済代行業者とサクラサイト運営業者との密接な関係が疑われるものである。

2　サクラサイト被害における決済代行業者の問題点

　本来の決済代行業者の役割は、アクワイアラーの審査を通らない中小零細販売業者に対し、クレジットカード決済のシステムを提供し、ビジネスを活性化させるところにある。したがって、本来的な仕組みは〈図4〉のようにすべて国内業者同士のつながりでのみ構築されるものである。

〈図４〉　決済の仕組み①──国内のみの場合

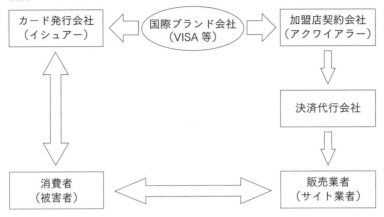

国内

　しかし、サクラサイト運営業者と加盟店契約を締結する決済代行業者は、海外に拠点を置く決済代行業者であったり（〈図５〉）、海外アクワイアラーと加盟店の関係のある決済代行業者であったりする（〈図６〉）。

　したがって、クレジットカード利用明細の表記はドル建てやユーロ建てなど海外通貨を基準とした記載がなされる場合が多い。

　以上のような海外を経由する決済代行業者もしくは海外アクワイアラーを経由する決済には以下のような問題点がある。

①　消費者がイシュアーに苦情を申し立てても、イシュアーとサクラサイト運営業者との間には直接の契約関係はなく、海外アクワイアラーや決済代行業者を経由した交渉は難航することが多い。

②　消費者がサクラサイト運営業者に苦情を申し立てようとしても連絡がつかず、他方、カード決済を取り消そうとして決済代行業者に連絡しようとしても連絡先がわからないことも多い（例：連絡先がメールアドレスしかわからない）。

〈図5〉　決済の仕組み②—— 一部海外の場合①

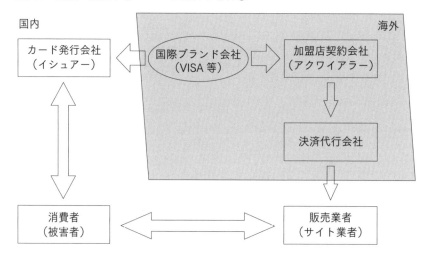

〈図6〉　決済の仕組み③—— 一部海外の場合②

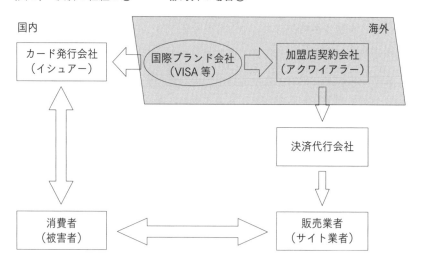

なお、VISAなどの国際ブランドは、国を跨ぐ取引（クロスボーダー取引）を禁止しており、〈図5〉や〈図6〉に示されるような形態による取引は、国際ブランドルールに抵触する。

よって、〈図5〉や〈図6〉の仕組みによる取引は、国際ブランドルール上は禁止されているものであり、かかる不適切な取引を排除する仕組みが必要となっている。

3　割賦販売法における決済代行業者

割賦販売法の平成28年改正において決済代行業者に関する規定が加わることになった。その概要は以下のとおりである。

(1)　登録義務（割販法35条の17の2）

販売業者に対し、カード番号等取扱契約（カード加盟店契約）の締結権限を有するクレジットカード番号等取扱契約締結事業者に対し登録義務が課せられており、サクラサイト運営業者と加盟店契約を締結している決済代行業者にも登録義務が課せられることになった。なお、カード加盟店契約の締結権限をアクワイアラーが有している場合には、この登録義務は決済代行業者ではなくアクワイアラーに課せられることとなる[11]。

(2)　登録拒否要件（割販法35条の17の5）

国内に営業所を有しない外国法人（割販法35条の17の5第1項2号）、登録

11　割販法35条の17の2は、「クレジットカード等購入あつせんに係る販売又は提供の方法により商品若しくは権利を販売し、又は役務を提供しようとする販売業者又は役務提供事業者に対して、自ら利用者に付与するクレジットカード番号等を取り扱うことを認める契約を当該販売業者又は当該役務提供事業者との間で締結することを業とするクレジットカード等購入あつせん業者」（1号）か「特定のクレジットカード等購入あつせん業者のために、クレジットカード等購入あつせんに係る販売又は提供の方法により商品若しくは権利を販売し、又は役務を提供しようとする販売業者又は役務提供事業者に対して、当該クレジットカード等購入あつせん業者が利用者に付与するクレジットカード番号等を取り扱うことを認める契約を当該販売業者又は当該役務提供事業者との間で締結することを業とする者」のいずれかに該当する場合には、登録義務がある、としている。

取消しの日から5年を経過しない法人（同項3号）、過去5年間に法令違反歴がある者（同項4号）、カード加盟店契約の締結に係る業務およびカード加盟店の調査の的確な実施に必要なものとして省令で定める体制が整備されていない法人（同条8号）等が登録拒否要件として規定されている。

　したがって、日本国内の販売業者と加盟店契約を締結する海外アクワイアラーも登録義務を負う。

　また、海外アクワイアラーが登録決済代行業者を利用するときは、その登録決済代行業者が、「クレジットカード番号等取扱契約締結業者」と扱われるので、海外アクワイアラーは登録義務（国内営業所設置義務等）や加盟店調査義務を履行する立場を免れることができる。

⑶　加盟店調査義務（割販法35条の17の8）

　クレジットカード番号等取扱契約締結事業者は、加盟店におけるカード番号情報の漏洩防止体制の調査・措置および加盟店が不当な販売行為によりカード番号情報を取得する行為を防止する体制・措置に関し、調査義務を負う。なお、具体的な調査事項については、省令にて規定される。

　また、加盟店調査時には、調査記録の作成および保存義務が課せられている（割販法35条の17の8第5項）。

　加盟店調査の時期は、加盟店契約時および苦情や漏洩事故発生時に行うこととされている（割販法35条の17の8第1項・3項）。

　全国の消費生活センターや弁護士による通知等を端緒とすることにより、サクラサイト運営業者などの悪質加盟店の排除が期待される。

4　電子マネー決済における決済代行会社

　上記で述べてきたものは、クレジットカード決済が利用されている場合を念頭に置いたものであるが、電子マネー決済においても決済代行会社が利用されていることがある。

　サクラサイトの利用代金として、電子マネーによる支払いがなされる場合、サクラサイト運営業者は、電子マネー発行会社と直接加盟店契約を締結せず、電子マネー決済を代行する決済代行会社がサクラサイト運営業者と加盟店契約を締結していることが多い。このような場合、電子マネー発行会社に対し、利用した電子マネーの管理番号などとともに通知を送ることにより、対象の電子マネーの利用履歴が開示されるとともに利用先の店舗等として、電子マネー発行会社と加盟店契約を締結している決済代行会社の情報が開示される。

　電子マネー発行会社によっては、直近半年分程度しか任意に開示しないという対応をするところもあるが、このような会社であっても弁護士法23条の2に基づく弁護士会照会を利用することにより、より広い範囲の決済履歴の開示に応じることもある。

　電子マネー発行会社から開示された履歴とともに、決済代行会社に対し、通知を送付することにより、決済代行会社から、利用先のサクラサイト運営業者やサイト名、利用金額などの情報が開示される。

　開示されるサクラサイト運営業者は、海外事業者であることが多いが、このような場合、決済代行会社を通じて返金交渉を行うことになる。

　また、サクラサイト運営業者が、日本国内法人である場合には、サクラサイト運営業者と直接返金交渉を行うことも可能であるが、決済代行会社を通じて返金交渉を行うことが多いと思われる。

5　決済代行会社が有する保証金等

　決済代行会社が、加盟店と加盟店契約を締結する際、加盟店から一定額の保証金などの金銭を取得している場合がある。

　そのため、仮にサクラサイト運営業者などを相手に訴訟を検討する際には、サクラサイト業者と取引関係にある決済代行会社が保有する保証金などの金銭が、差押えや仮差押えの対象として検討対象となりうる。

ｺ<small>ﾗﾑ</small>　　さまざまな決済手段の理解を深めるために

　サクラサイト被害では、現金振込だけではなく、決済代行業者を介したクレジットカード決済、電子マネー決済、収納代行決済、コンビニ収納代行など多様な決済が利用されるのが特徴である。最近では、スマートフォンのキャリア決済や暗号資産による決済、フリマアプリを使った決済など、その手段は拡大の一途をたどっている。

　サクラサイト被害では、サクラサイト運営業者および決済手段提供業者に対して交渉および責任追及の裁判をしていかなければならない。そのためには、サクラサイト被害で利用された決済手段の仕組みを理解する必要がある。

　決済手段提供業者の多くはウェブサイトを通じて加盟店の募集を行っており、加盟店募集用のページを設けていることが多い。そこでは、基本的な決済の仕組み、決済導入までの手続、加盟店と決済手段提供業者の資金の流れ、加盟店との規約など有用な情報が掲載されている。これらを閲覧して情報収集することは決済手段の仕組みを理解するうえで有益である。

　また、新しい決済手段を理解するために自分で実際に決済手段を利用してみるのも1つの有効な方法である。第4回サクラサイト被害全国連絡協議会（京都大会）において、私は電子マネーについての研究発表を行わせていただいた。その際、私自身が電子マネーを購入した経験を、購入過程で表示されたパソコン画面をプリントアウトしたものやコンビニの購入機械の入力画面の写真を使いながら発表した（私がコンビニの購入機械の前で写真を撮影しながら電子マネーを購入する様はコンビニの店員さんからは奇異に映ったと思われる）。そうしたところ、これら

42

の決済手段について理解を深めることにつながった。法律関係を検討するにあたって、当事者の認識や意思表示の内容が問題となることが多い。被害者がどのような認識をもって決済手段を利用したかという点を把握することは、被害実態を理解するうえでも、当該決済手段を法的に検討する意味でも重要なことである。

　新しい決済手段を使った被害に直面しても、冷静に情報収集と分析を行い、被害救済につなげてまいりたい。

（中島俊明）

第4章

具体的な対処方法・問題点

I　相談から受任まで

1　相談を受けるに際しての注意

　サクラサイト被害は、被害に遭った経緯を第三者が冷静に聞けば、なぜそのような被害に遭うのかにわかには信じがたいようなおよそ荒唐無稽なストーリーを前提としていることがほとんどである。この点では他の詐欺被害と同様であるが、サクラサイト被害の場合、たとえば、「身寄りのない資産家が数億円の遺産を譲る相手を探している」など、およそ現実社会でそのようなことはないだろうと思われるストーリーを前提としており、なぜ騙されたのかという点を理解することは困難である。

　もっとも、被害に遭った本人も当初はそのようなストーリーを信じておらず、半信半疑でメールを開始したところサクラサイト運営業者の巧みなメール内容によって次第に信じさせられてしまったものであり、被害に遭った時点では騙された自分自身を恥じたり、後悔したりしている人も多い。

　そのような自身を責めている被害者（特に家族が被害を知っている場合には家族からすでに強い非難を受け、身の置き所がなくなっている被害者もいる）に対し、「なぜこんなものを信じたのか？」「こんなの本当のわけがないだろう」などと強く責め立てることは何の意味もなく、被害者が心を閉ざしてしまう要因にもなることから、相談には被害者のメンタルケアも念頭に置きながら臨む必要がある。

　もちろん、騙されていることに対する認識が薄く、なおサクラサイトのメッセージ内容が真実であるかもしれないと考え、サクラサイトの「呪縛」「洗脳」から抜け切れていない被害者には、自身が行っているメッセージのやりとりが単なる架空のストーリーに乗せられている詐欺被害であることを理解して

もらうために、丁寧に、時には強く説明することも必要である。その際にも被害者をいたずらに貶めるようなことはせず、被害者に寄り添いながら説明すべきである。中には精神的な疾患を抱えていたり、依存傾向が強かったりする被害者もいることから、その場合にはとりわけ相談時に被害者へ一定の配慮をすることは必要である。

2　相談時に用意するもの

サクラサイト被害の相談を受ける際、相談者が、いつ、どのサイトで、どのような内容のメール（メッセージ）送受信を行い、どのような決済手段で、いくらの損害を受けたのかを聴き取るために、相談者に事前に準備をお願いしなければならないものがある。

想定できる資料としては、以下のものが考えられる。

① サイト利用時期・サイトの特定に関して

ⓐ 相談者が使用していた携帯電話、パソコン

ⓑ 実際に利用していたサイトの画面（スクリーンショット等の画面の写真）

ⓒ ID、ニックネームなどの利用者本人の特定事項

② 内容に関して

ⓐ 経緯についての簡単なメモ（特にサイト利用開始のきっかけについては重要）

ⓑ サイト利用時に、サイトに誘導された経緯がわかるメールが残っている場合にはそのメール

ⓒ 登場人物

ⓓ 登場人物ごとに印象に残っているメッセージ内容のメモ

ⓔ サイトが途中で変わっている場合にはその変遷（旧サイトと新サイトの名称、旧サイトと新サイト共通の登場人物、IDの変更の有無なども）

③　決済手段と金額に関して

　ⓐ　信販会社からの請求書、クレジットカード

　ⓑ　振込明細票、通帳など支払金額や支払先がわかるもの

　ⓒ　電子マネーの証票

　ⓓ　振込先の指示をされたメッセージがある場合にはそのメッセージ

　ⓔ　送金確認のメッセージがある場合にはそのメッセージ

　なお、複数のサクラサイトで被害に遭っている場合にも、相談者は騙されたと思ったサクラサイトについての情報は出してくるものの、「このサイトは詐欺ではない」「この人（メール相手）は本物だ」と信じているものについては出してくれないことも往々にしてある。

　可能であれば、通帳の振込先名の記載やクレジットの請求書・利用履歴の中に登場する決済代行会社から、被害者本人には被害の自覚のない他のサクラサイトによる被害がないかどうかを確認しながら相談することが必要と思われる。

　サクラサイト被害においては複数のサイトに被害者本人が知らないうちに同時に登録されることも珍しくないことから、相談を受ける弁護士の側では、本当に被害者が申告しているサイトでしか被害に遭っていないのかどうか、相談時には確認をすることが必要である。

3　証拠等の保全

(1)　心構え

　相談を受ける弁護士は、相談に際して証拠の保全を第1に考えなければならない。特にメッセージ内容の保全については注意を要する。

　サクラサイトにおけるメッセージの送受信は、携帯電話やパソコンのメールと異なり、サクラサイト運営業者の用意したサイト内（サーバー内）でのメッセージの送受信（SNS）にすぎないことから、一定期間（1～2週間程度

が多い）の経過により過去のメッセージが確認できない状態となってしまったり、受任後はサイトにログインすることができずメッセージ内容を完全に見ることができなくなってしまったりすることも多いことから、迅速に証拠の保全をしなければならない。

　つまり、最初に相談を受けたときに残っていたメッセージでも、次回別の日に相談ないし受任をする時点ではすでに見ることができなくなってしまっているメッセージも存在することから、相談者に対しては必ず画面の保存をしておくように指示しておかなければならない。

　具体的には、サイトの画面等についてはいわゆるガラケーならデジタルカメラ等で画面を撮影したり、スマートフォンであればスクリーンショット等の画面を写真データとして保存できる方法によって残したりしておくことが必要となる。サイトの画面を保存する方法としては、Google Chromeを利用してPDFデータ化する方法がある。PDFデータ化して保存する場合のメリットとしては、保存した日付と当該サクラサイトのURLがPDFデータに残ることから、後日の改ざんや別サイトのものであるなどの言い訳をサクラサイト運営業者に許さないという点がある。

　なお、被害者から電話で相談の申込みを受けてから事務所での面談までの間にも、証拠となるメールが見られなくなってしまう可能性があることから、電話で最初に話をする際に、可能な範囲で証拠の保全について助言しておくことも考えるべきである。また、被害者が、被害を相談した第三者（警察や知人など）が、善意で、怪しいメールなどは消したほうがよいなどと助言し、実際に携帯電話等を操作してあげて証拠となるメールなどのデータを消してしまうケースもあるので、状況に応じて、被害者にはそれらのデータが事件解決のための貴重な証拠であることを伝えるべきである。

(2)　メール（メッセージ）内容の保存

　サクラサイト被害では、サクラとのメッセージの送受信の主な舞台は上記

のとおりSNS上であるが、これとは別に、携帯電話に新着を知らせるメールが届くことが多い。

そのような携帯電話に届くメールの内容は、たとえば、件名欄に「○○さんから3億円譲渡」などと記載され、メール本文にも同様の内容が1、2行程度記載されているものの文章としては不完全であり、全文を読むためにはメールに添付されたインターネットURLをクリックし、サクラサイトにアクセスしなければならない構造となっている。

すなわち、携帯電話やパソコンのメールソフトに残されたメールは、前記のサイト内メール（メッセージ）と異なり一定期間で消去されてしまう危険は低いものの証拠としては不完全なものである。

しかし、数百通（時には数千通）の不完全なメールをつなぎ合わせていくことで詐欺の事実を立証することができることもあり、また、それだけの異常な量のメールが届いているという事実自体が正常なコミュニケーション手段としてのメッセージの送受信でなかったことを端的に示す事実であり、証拠であるとも考えられるため、これを保存しておくことも必要である。

携帯電話に送信されてきたメールであれば、外部に抽出可能な記録媒体（SDカードなど）にデータを移行するなどの方法によって証拠化することも容易であり、また、携帯電話の故障等による証拠の紛失にも備えることができることから、データ移行は相談時に行うべき作業の1つといえる。相談者の中には、被害に遭ったメールアドレスを変更したり、携帯電話そのものも変えてしまいたいという人も少なくなく、携帯電話の機種変更に伴って保存されていたメールを消失してしまうなどの事態は避けるべきである。

(3)　インターネット上の情報の保存

また、相談者の手元にある資料のみならず、当該サクラサイトに関するインターネット上の情報も早期に保存しておくことが必要である。

とりわけ、サイト自体が閉鎖されてしまったり、別のサイトに移行してし

50

まったりした場合、相談者が被害に遭ったサイトがどこのものであったのか
が確認できなくなってしまうこともあり、早期にサイト画面の保存を行って
おく必要性は高い。

　サクラサイトの多くは、「特定商取引法に基づく表示」と銘打ち、サイト運
営業者の所在地や連絡先、責任者等を表示している（それが真実かどうかは別
として）ことから、交渉相手の特定のためにも確認・保存は必須である。

　また、サイト内には料金表の記載もあり、それによりサイト内の課金シス
テムの内容を証明することが可能となる。サクラサイト被害では、「文字化
け解除費用」や「システム修復費用」などと称して数十万円の支払いを求め
てくるケースもあるが、そのような費用が料金表に記載されていることは稀
（仮に記載があったとしても請求されている金額よりもはるかに低額）であり、被
害者が本来支払う必要のない多額の金銭の支払いを求められ、これを支払っ
たことを立証することに役立つ。

　その他、サイト内には、支払方法についての記載があることもある。複数
の振込先の表示がある場合もあり、その場合には被害者が振り込んだ口座以
外にも仮差押え等の対象口座を見つけることができ有益である。もっとも、
近年はサイト上には振込先を明示せず、銀行振込を希望する被害者に個別に
メールで振込先を通知してくる方法が主流となっている。

　支払方法の記載部分から読み取れる情報から、被害者が選択した支払方法
以外にも複数の支払方法が存在する場合には、そのことは仮差押え等の保全
に際し第三債務者とすることができる可能性のある業者が複数あることを示
すものであり、被害回復の可能性を高める。

　具体的には、クレジット決済が可能とされている場合には決済代行業者の
名称もあわせて記載されていることが多く、また、電子マネーによる支払い
が可能な場合には電子マネーの種類が記載されている。そのような場合には、
決済代行業者や電子マネー業者からサイト運営業者に支払われる金銭を仮差

押えする（具体的な方法については後記Ⅵ1参照）ことも検討すべきと思われる。

以上のとおり、サクラサイトのサイト自体からも被害回復に役立つ情報を知ることもできることから、相談・受任にあたって、相談を受ける側としても可能な限り被害者が被害に遭ったサイトの内容は確認すべきである。

(4)　口コミサイトの情報の活用

さらに、当該サクラサイト自体の現状や同様の被害の有無を確認するためにも、インターネット上の口コミサイトなどを活用することも有用である。

もちろん、口コミサイト等については書き込み情報の正確性が担保されているわけではなく、記載情報のすべてを軽信することを控えるべきことはいうまでもない。

しかし、目の前の相談者と同様の被害内容、とりわけ登場人物も勧誘文句も同様の被害が多数存在する場合には、詐欺立証の一助となる可能性を検討しても損ではない（相談者と書き込み者が同一でないことの確認は必要）。

(5)　凍結預金口座情報の確認

また、預金保険機構の公表する、振り込め詐欺等の犯罪利用の可能性のある口座として凍結されている預金口座情報（〈https://furikomesagi.dic.go.jp/〉）も早期に確認すべき事項の1つである。

口座が凍結されると権利行使の届出期間内に権利行使がなされない場合、残高預金は被害分配に充てられるため口座名義人の預金に対する権利が消滅することになるが、当該口座に多額の預金が存在していた場合でも権利消滅後は当該預金を差し押さえることができなくなってしまうため、被害回復のための債権保全のためには権利行使の届出期間内の法的手続が必要となる。

相談者が被害に遭ったサクラサイト運営業者の預金口座がすでに口座凍結されている場合には速やかに仮差押え等の手続を要することから、相談を受けると同時に確認することを忘れてはならない。

なお、権利行使の届出には期間が定められており（失権のための公告から60

日間程度）、期限の制約があることに注意する必要がある。

　相談時にすでに権利行使の届出期間まで間がないときは、凍結されている口座を開設している銀行等金融機関に対して債権者代位訴訟を提起し、権利行使の届出期間が満了することを免れる（具体的な方法については後記Ⅵ1⑷参照）などの必要もある。

⑹　弁護士法23条の2に基づく照会等の活用

　被害者が銀行振込の方法により支払いをしているものの、すでにサイトが閉じられておりサクラサイト運営業者の所在地等がわからなくなっていることもある。

　そのような場合には、振込先口座の開設銀行に対して、口座名義会社の口座開設時に提出された業者情報等を開示するよう弁護士法23条の2に基づく照会（以下、「弁護士会照会」という）手続をとることにより探知することも可能となる。

　仮に、すでにサイトが閉鎖されているとしても、サクラサイト運営業者は名前を変えながら複数のサイトを運営していることも多いため、すぐに被害回復を諦めるのではなく、照会手続等の活用をしながら可能な限りの被害回復に努めるべきである。

　また、同じサクラサイトによる被害の相談が全国的にどの程度寄せられているのかを把握するため（将来的には訴訟における証拠とするため）、独立行政法人国民生活センターに対して照会手続をとっておくことも有益である（申出書の記載例については資料編【資料10】【資料11】参照）。

⑺　電子マネーの管理番号の確認

　「電子マネー」（コンビニエンスストアで販売されているインターネット専用のプリペイド式電子マネーのことをいう）決済による被害については、被害者が電子マネーの「帳票」をすべて所持しているかを確認し、もし、（一部でも）所持していない場合には何らかの方法で、帳票に記載されていた「管理番号」

を確認する必要がある。

　方法としては、①購入した日時（何時何分まで特定する必要あり）、②購入したコンビニの店舗名、③購入した各券面額（1000円、2000円、3000円、1万円……5万円等）が特定できれば、当該電子マネーの発行会社に対して、上記①から③を記載して弁護士会照会をすることで「管理番号」の回答を得られる場合が多い。ただし、保存期間が経過しているなどとして回答されない場合もあるので注意が必要である（もっとも、管理番号がわかるケースでは、数年経っていても開示されたケースもあるため、データ自体は保存しているものと思われる）。

　上記①から③の特定は、被害者が購入時の領収書などを持っていればそれに基づいて特定が可能である。他方、領収書がなければ、電子マネーを購入したコンビニの店舗に連絡して（相談者に直接、行ってもらうなどして）、事情を説明して、レジのジャーナルを開示してもらい特定することが考えられる。また、コンビニの店舗において、ジャーナルの開示が困難と言われた場合には、本社に対して、電子マネーの販売履歴（日時、店舗を特定して）を開示してもらうように交渉することも考えられる（弁護士会照会であれば回答するとされたケースもある）。もっとも、電子マネーの購入者が多数いるような都市部のコンビニでは、被害者が購入した電子マネーかを特定することが困難な場合もある。

　なお、仮に「管理番号」の一部（たとえば、100回使用したうちの1回）しか確認できなかった場合でも、当該サイトにおいて被害者が使用していた「ID」または「アカウント」と、確認できた電子マネーの「管理番号」（上記例では確認できた1回分の管理番号）を、決済代行業者に伝えたところ、当該ID等が、当該サイトで使用した電子マネーのすべての履歴が開示されたケースもあるので、決済代行業者にも確認すべきである（この点からもID等の保全は極めて重要である）。

54

コラム　相手方特定のための弁護士会照会の活用事例

　サクラサイト事案、情報商材詐欺事案、国際ロマンス詐欺事案のいずれにおいても、加害者の特定が困難な場合がある。

　決済手段から、加害者（または末端の加害者）を特定することができる場合はよいが、加害者につながる情報がSNSのアカウント情報しかない場合もある。

　この場合、SNS運営事業者に対し、アカウントの開設者を特定するための弁護士法23条の2に基づく弁護士会照会をすることが考えられる。

　弁護士会照会は、「弁護士が受任している事件を処理するために必要な事実の調査等をすることを容易にするために設けられたもの」で、「23条照会を受けた公務所又は公私の団体は、正当な理由がない限り、照会された事項について報告をすべきもの」（最判平成28・10・18民集70巻7号1725頁）と解されているが、SNSを運営する通信事業者に対しても、「電気通信事業における個人情報保護に関するガイドライン」および「電気通信事業における個人情報保護に関するガイドラインの解説」において、弁護士会照会は法律上の照会権限を有する者からの照会であるから、原則として照会に応じるべきとしている。また、法律上の照会権限を有する者からの照会であっても、通信の秘密に属する事項（通信内容にとどまらず、通信当事者の住所・氏名、発受信場所、通信年月日等通信の構成要素および通信回数等通信の存在の事実の有無を含む）については、情報提供は適当ではないが、個々の通信とは無関係の加入者の住所・氏名等については、通信の秘密の保護の対象外であると解説されている。

　上記詐欺被害事例において、われわれが特定したいのは、まさに「個々の通信とは無関係の加入者の住所・氏名等」であるから、これらについ

て弁護士会照会を受けたSNS運営事業者は、ガイドラインおよび最高裁判決に照らし、アカウントの開設者情報を開示すべきこととなる。

　もっとも、SNS運営事業者としても、弁護士会照会を受けたときに、①照会事項に記載された対象アカウントの特定が不十分なため、回答することが現実的には不可能（または困難）な場合、②個々の通信とは無関係か否かが判断できない場合がありうる。これらの場合には、SNS運営事業者として回答拒否（または回答できない）とならざるを得ないことがある。そのため、弁護士会照会を行う際には、報告義務を負うSNS運営事業者に配慮し、①アカウントの特定が十分に行われており、かつ、SNS運営事業者において当該特定方法の確認が容易であること、②照会理由および照会事項には、個々の通信と関係のあることがうかがわれる記載をしないことに留意しなければならない。

　これらに留意することにより、SNS運営事業者から弁護士会照会の回答が得られる場合がある。　　　　　　　　　　　　　　　　　（岩城善之）

4　受任後の手続

(1)　受任通知の送付

サクラサイト被害について被害救済を受任した場合には、関係すると思われる各当事者あてに速やかに受任通知を発送することになる（内容については資料編【資料1】〜【資料7】参照）。

(2)　受任通知の具体的内容

受任通知の送付にあたっては、送付する当事者がどの立場の存在かにより内容を変えていくことが望ましい。これは、単に受任した旨の連絡にとどまらず、場合によっては請求取消し（あるいは保留）を求め、場合によっては取引の履歴の開示を求めるなど、相手方当事者の立場により求める内容が異な

るためである。

(A)　サクラサイト運営業者に対して

被害者が、当該サクラサイト運営業者の運営するどのサイトでどのような具体的な被害に遭ったのかを明記することは、可能な範囲で記載することが望ましい。

もっとも、複数のサクラサイトで同時に被害に遭った被害者は、具体的な内容は覚えていてもそれがどのサイト内のものであるのかが不明確なこともあることから、当初の通知の段階では確実な記載のみにとどめるほうが交渉となった際の不利益は少ないように思われる。

通知の際、被害者と当該運営業者との間の契約（ポイント購入契約等）が取消し等されるべきものであること、そもそも不法行為に該当することから損害賠償請求もあわせて行うものであること、を記載することになる。

(B)　クレジット会社等に対して

クレジット会社等に対しては、請求書上決済代行業者しかわからず、具体的な利用内容が不明のため、まずはその詳細を明らかにすべきこと（東京地判平成25・5・29消費者法ニュース98号279頁を引用するなどの工夫もよいのではないか）を求めるということも考えられる。

一般的には、クレジット利用の内容について被害者自身はある程度の認識がある以上、クレジット会社等にも被害の実情を記載したうえで、不法行為に起因して発生したものであるから、抗弁の接続や請求の保留、チャージバック（詳細は後記Ⅱ参照）による請求の取消しを求め、あわせて決済内容・利用内容を含めた請求内容について（加盟店等についても）調査を行うよう求めることが多い。

(C)　決済代行業者に対して

サクラサイト運営業者、クレジット会社等に対するものと同様、被害の具体的な内容を記載のうえ、請求されている各決済については取消し等される

べきものであること、また、そもそも不法行為に該当するような決済であり、決済代行業者が自身の加盟店に対する管理責任を果たしていないことから決済代行業者自身も当事者として損害賠償責任を負うものであることを記載し通知することになる。

　平成28年の割賦販売法の改正により、それまで法律上の位置づけが明確にされていなかった決済代行業者について、クレジットカード番号等取扱契約締結事業者として規定されることになった（第3章参照）。クレジットカード番号等取扱契約締結事業者については、法律上、加盟店の審査・管理等を行うことが義務づけられたことから、この点を指摘し、法律上加盟店に対する監督責任を負っている等の主張のみならず、安易な加盟店契約がサクラサイト運営業者の不法行為を幇助し、被害を助長するものであること（過失による不法行為の幇助に該当する可能性があること）まで記載することが望ましい。

　なお、決済代行業者に対しては、あわせて利用履歴の開示も求めることとなるが、開示された履歴には、サクラサイトの名称、運営業者名、運営業者所在地、運営業者連絡先電話番号等が記載されていることが多く、これをもとにサクラサイト運営業者との交渉等を行っていくこととなる。

(D)　電子マネー業者に対して

　電子マネー決済による被害の場合、被害に遭ったサクラサイトが1つであればともかく、複数存在する場合には、どのサクラサイトでいくら被害に遭ったのかなどの情報が不完全であることが多い。

　そこで、まずは電子マネー業者に対して利用履歴の開示を求めることが必要となる。開示された利用履歴の記載内容は決済代行業者からの開示内容と同様であり、これによって被害の内容が判明することが多い。

　また、電子マネー業者も単なる決済手段の提供者というにとどまらず、被害を発生、拡大させている業者の1つであることを明記し、自社の加盟店の管理に落ち度があることを指摘したうえで、損害賠償請求（過失による不法

行為の幇助等を根拠とする）を検討している旨通知することになる。

　電子マネー業者に対して利用履歴の開示を求める場合、電子マネーの証票が必要である。

Ⅱ　交　渉

1　銀行振込決済を利用している場合

⑴　交渉の相手方

　サクラサイト運営業者自身の口座に振り込ませる場合、交渉の相手方は、サイト運営業者である。

　サクラサイト運営業者以外の名義の口座に振り込ませる場合、交渉の相手方は、サイト運営業者および口座名義人（法人の場合もあれば個人の場合もある）である。

⑵　具体的な対処方法

⒜　サクラサイト運営業者自身の口座に振り込ませる場合

　サクラサイト運営業者自身の口座に振り込ませる場合については、サイト運営業者に対して受任通知を送付し、返金を求めることになる。この点、受任通知を送付した後はサイト運営業者によりサイト内のメールボックスを閲覧できない状態にされることも多く、サイトを閲覧することができなくなるので、必要な証拠は通知前に保全しておく必要がある。

　サクラサイト運営業者は、特定商取引法に従って通常は法人名・事業所を公開しているので、特定は容易である。場合によっては、口コミサイトを補助的に利用することは考えてもよい。通知の際には、返金がない場合には口座凍結の要請をすること、口座凍結の要請をした場合には口座凍結を解除することは容易でないことを注意的に記載する。そもそも、弁護士には口座凍

59

結を要請することはできても口座凍結を解除する権限はないのであるから、その点は注意が必要である。反応や返金がない場合には、振り込め詐欺被害救済法に基づく口座凍結要請からの回収（後記Ⅵ3参照）、サイト業者のみならず代表者・従業員個人に対する訴訟および刑事告訴などを行うことになる。交渉を長引かせようという態度には毅然と対応するべきである。

　サクラサイト運営業者は、サクラを使っていないことなどを主張してくる場合があるが、サイト運営業者が利用しているシステム自体にサクラ機能が付いているということが刑事事件等を通じて判明していること、サイトを利用させることで利益を得ているのはサイト運営業者であることから、被害者から聴き取った内容や保全しているメールの内容からサクラサイト被害であるといえる場合には、そのようなサイト運営業者の言い分を聞く必要はない。

　また、サクラサイト運営業者によっては減額を申し入れてくることも多い。しかし、もちろん個別の事案ごとに判断する必要はあるが、被害救済の点からも後の被害の撲滅の点からも、基本的には満額返金を要求すべきである。サクラサイトを運営している以上、理論的には、適正な利用とサクラの利用分を分けることはあり得ず、サクラサイトという場の開設自体が詐欺を目的にした違法行為なのであるから利用者がサクラサイト利用で支払った金額全体が損害というべきである。筆者の弁護団の解決水準としては振込による被害事案でも事業を継続しているサイト運営業者であれば80％から100％の回収がほとんどである。サイト運営業者が返金してこないのであれば厳正に対処する姿勢が重要である。

⒝　サクラサイト運営業者以外の名義の口座に振り込ませる場合

　次に、グループ法人や決済代行業者の口座に振り込ませている場合であるが、この場合にも基本的にはサクラサイト運営業者に返金を求めることになり、速やかな返金がなされない場合には、同様に口座凍結要請からの回収を図ることになる。また、訴訟を提起する場合には、振込先の法人（ないし個人）

も当然訴訟の対象にするべきである。裁判例（さいたま地判平成29・3・22、東京高判平成29・9・27（さいたま地判平成29・3・22の控訴審。いずれも判例集未登載））においても、「利用料金振込口座提供目的で設立された会社」と認定されている事案もあるとおり、基本的には、振込先の法人（ないし個人）もサイト運営業者と共謀している不法行為の協力者と考えるべきである。

　決済代行業者とされる場合でも口座提供型の決済代行業者は最も容易に責任が認められるので躊躇することなく訴訟提起すべきである（広島高判平成27・12・16判例集未登載、東京地判平成29・5・10判例集未登載）。口座提供者の特定（本店所在地等の確認など）については、弁護士会照会を利用して金融機関を通じて確認するのが基本であるが、振込先口座の支店所在地を管轄する法務局で本店登記されているものが多いので、法務局の検索機能（インターネットでは登録が必要）を利用することによって概ね特定できる場合もある。

　大手金融機関の提供するバーチャル口座を利用した入金管理システムを利用している一部の決済代行業者（振込口座利用型決済代行業者の中では比較的大手といえる）の口座は、口座凍結の申請をしても、直ちに口座凍結等はされないことがあり、決済代行業者が正面から自らの責任を認めることはない。

　しかし、高い手数料を払ってこれらの事業者を利用する経済的なメリットは、本来サクラサイト運営業者にはないと考えられるので、訴訟等になれば当該事業者の責任（少なくとも過失の幇助責任）はサクラサイト運営業者等の悪質性が広く社会に認識されている現在においては、容易に認められる情勢にあると考える。

　もっとも、これらの決済代行業者は、加盟店であるサクラサイト運営業者に対してトラブルが生じた場合の賠償責任などを加盟店契約書に明記している場合が多く、他の決済代行事業との関係で加盟店管理責任を果たす必要性を自覚しているので、自らまたはサクラサイト運営業者に対して速やかな返金を促す例も多い。返金自体は、むしろ、現状では、その他の銀行振込事案

61

よりも容易に実現できることが多い。

　ただし、大手金融機関が、このような決済代行業者によるサクラサイト運営業者等第三者の決済のためにバーチャル口座の利用を許すことは、マネーロンダリング防止の趣旨等からも、本来は厳しく規制されるべきであると考える。

2　クレジットカード決済を利用している場合

(1)　交渉の相手方

　サクラサイト運営業者、クレジット会社、決済代行業者が関与している場合は、サクラサイト運営業者だけではなく、決済代行業者が相手方となることが多い。現状の解決水準としては、クレジットカードを利用している場合には、典型的なサクラサイト被害であれば、クレジットカード決済については既払金および未払金を問わず、100％の取消しまたはそれに相当する金額の返金を目標にすべきであり、例外もあるが、多くのケースでは被害救済が実現できている。クレジットカード決済のみの被害であれば、消費生活センターにおけるあっせんにおいても同様の解決が可能である（連絡協議会の関連弁護団がない地域では、これよりも低い解決が常態化している地域もあると聞くが、そのような地域間格差は問題であろう）。

(2)　具体的な対処方法

(A)　サクラサイト運営業者に対して

　銀行振込決済における前記1(2)(A)と同様である。

(B)　クレジット会社に対して

(a)　割賦販売法の規制

　クレジットカード決済の場合、クレジット会社に対して、割賦販売法の規制が及ぶこととなる。

　そして、割賦販売法においては、加盟店に対する契約取消し等の事由をもっ

て、クレジット会社に対して対抗することができ、その支払いを拒絶することができる（抗弁の接続：同法30条の４）。また、クレジット会社は、苦情の適切かつ迅速な処理のために必要な措置を講じなければならないとされている（業務適正化義務：同法30条の５の２）。

　そこで、これら割賦販売法に基づく主張をすることが考えられるが、前記（第３章Ⅱ）のとおり、サクラサイト被害の多くは、翌月１回払い（マンスリークリア方式）による決済であり、この場合、割賦販売法の適用がない。そのため、クレジット会社が割賦販売法の適用がないと主張してくることが多い。もっとも、クレジット会社は、請求自体を数カ月間停止することには応じることも多く、その間に、決済代行業者・サクラサイト運営業者と交渉をすることとなる。なお、請求が停止されている間は、信用情報における延滞扱いにならないのが一般的である。そのため、マンスリークリア方式の場合においても、クレジット会社が被害者への請求手続に入る前に通知を送付するなど早めの連絡をすることが望ましい。

　ところで、多くのクレジットカードには、その特約にて、支払方法を後からリボルビング払いに変更しうることが多い。そこで、サクラサイト被害に遭った場合には、リボルビング払いに変更することが考えられる。

　この点、後からリボルビング払いに変更可能な機能（特約）が付与されているクレジットカードを交付していることは、リボルビング払いへの変更を想定した信用供与契約であり、リボルビング払いに変更後は包括信用購入あっせんに該当するものと解されている（経済産業省商務情報政策局取引信用課編『割賦販売法の解説〔令和２年版〕』54頁参照）。また、一般社団法人日本クレジット協会「包括信用購入あっせんに係る自主規制細則」２条においても、「二月払購入あっせんに係る受領契約の支払方法が、二月を超える期間の支払又はリボルビング方式による支払に変更された場合には、その変更後は包括信用購入あっせんとして、基本規則を適用することとする」とされている。

　　(b)　チャージバック制度の活用

　また、割賦販売法とは別にチャージバック制度（ディスピュート（Chargeback / Dispute））が存在する。この制度は、カード利用者からのクレーム申出等に基づき、国際ブランドで定められた一定の事由（チャージバックリーズン）が認められる場合に、クレジットカード発行会社（イシュアー）から加盟店等に対して事実関係を確認し、キャンセル処理がされる制度である。

　ただし、チャージバック自体は、マンスリークリア方式にも使える制度ではあるものの、あくまで国際ブランドが定めたルールであり、カード利用者の権利ではなく（すなわち、イシュアーの判断）、時期、事由に制限もある。もっとも、クレジット会社は「購入者と加盟店との間のトラブルの有無や内容の状況を確認調査する等して、むやみに購入者が不利益を被ることのないよう協力すべき信義則上の義務を有する」として、チャージバック制度が適用された可能性などから、クレジット会社への損害賠償請求を認めた裁判例も存在する（東京地判平成21・10・2消費者法ニュース84号211頁）。

　その他、クレジット会社が請求の前提となるサイトを運営している加盟店を特定できなかったことから、クレジット会社の請求を認めなかった裁判例も存在し（東京地判平成25・5・29消費者法ニュース98号279頁）、被害救済の1つとして参考になるものである。

　　(c)　その他

　最後に、割賦販売法の平成28年改正によって、「クレジットカード番号等取扱契約を締結する事業者」に対して、登録義務（同法35条の17の2以下）および加盟店調査措置義務（同法35条の17の8）が課されることとなった。

　クレジットカード番号等取扱契約締結事業者には、オンアス取引時のカード発行会社、オフアス取引で加盟店契約を締結するアクワイアラーのみならず、決済代行業者に加盟店契約の実質的な承認権限が与えられている場合には、当該決済代行業者も含まれるものである。登録拒否要件に「日本国内に

64

営業所を有しない者」が含まれている（割販法35条の17の5）。

　そのため、クレジットカード番号等取扱契約締結事業者として日本国内に営業所を有した登録事業者が介在していることになる。

　そして、クレジットカード番号等取扱契約締結事業者には加盟店調査措置義務が課されており、同義務は、カード番号等の情報漏洩防止のための情報の適切管理等（セキュリティ対策）とともに、加盟店自身が違法・悪質な販売行為によりクレジットカード番号等を取得する行為を行わないよう調査措置することも含まれ、加盟店契約締結時のみならず、定期的にまたは苦情等が発生した場合など必要に応じて調査するべきとされている。

　直接の民事効があるものではないが、平成28年改正により、サクラサイト被害の救済・撲滅に資することが期待されるものである。

　　　(d)　クレジット会社の対応

　実際には、受任通知にサクラサイトである旨などを記載しておくと、一部のクレジット会社を除き、1カ月～3カ月程度、請求の保留という扱いがされることが多い。事情を説明してさらに延長してもらえる場合もある。請求の保留がなされた場合は、その期間は、請求自体が取り消されることになり、利息等が付されることはないので、その間に決済代行業者またはサクラサイト運営業者とカード決済の取消しおよび返金の交渉をすることになる。さらに、実質的には何ら役務提供がない詐欺的な内容であることなどに鑑みて、クレジット会社の判断でチャージバックの手続がなされることもある。サイト業者や決済代行業者の対応が悪い場合には、クレジット会社と相談して、早期にチャージバックの申請をしてもらうことも検討してよい。

　また、イシュアーの立場にあるクレジット会社には、前記(a)の業務適正化義務が課されており、苦情内容が利用者等の利益の保護に欠けると認められる場合には、アクワイアラー等のクレジットカード番号等取扱契約締結事業者に対して、その情報を提供するなどの義務がある（割賦販売法施行規則（以

下、「規則」という）60条2号ロ）。なお、同時に、認定割賦販売協会への報告も必要となる（割販法35条の20、規則135条2号）。

　これに対して、サクラサイト被害の多くはマンスリークリア方式のため、クレジット会社（イシュアー）は、同義務の対応をしないことがある。

　しかし、クレジットカード番号等取扱契約締結事業者に課されている加盟店調査措置義務はマンスリークリア方式にも適用があることから、クレジット会社（イシュアー）に対する利用者の苦情に関する情報は、クレジットカード番号等取扱契約締結事業者が加盟店調査措置義務を果たすのに不可欠なものであり、その連携がなされるべきものである。

　そのため、産業構造審議会商務流通情報分科会割賦販売小委員会の「報告書──クレジットカード取引及び前払式特定取引の健全な発展を通じた消費者利益の向上に向けて」（平成29年5月10日）においても、「マンスリークリア取引における苦情情報の活用」として、「イシュアーの苦情処理義務の対象となっていないマンスリークリア取引に関する苦情情報も、アクワイアラー等による加盟店調査において活用することが求められる。そのため、オンアス取引における自社加盟店に対する苦情については勿論のこと、オフアス取引においても、アクワイアラー等による加盟店調査等の端緒として苦情情報が活用されるよう、認定割賦販売協会の自主ルールに基づく業界の自主的取組として、マンスリークリア取引に関する苦情情報も加盟店情報交換制度への登録が行われることが期待される。なお、いわゆる特商法上の禁止行為等に関する苦情のように、消費者利益の保護に欠けることが明らかで深刻な被害が懸念されるような場合には迅速な対応が図られるよう、別途、イシュアーから直接アクワイアラー等への伝達も行われることが望ましいと考えられる」と言及されている。実際に認定割賦販売協会である一般社団法人日本クレジット協会は、マンスリークリア取引か否かを問わず加盟店情報を取り扱っているとともに、同協会の包括信用購入あっせんに係る自主規制規則60

条の2により、会員に対してマンスリークリア取引においても苦情内容をクレジットカード番号等取扱契約締結事業者に通知するよう努めることを求めている。

　これに加え、加盟店の苦情に関する情報が複数寄せられていたにもかかわらず、クレジット決済が行われた場合には、信義則上クレジット会社からの請求を拒絶することも考えられる。この点、最判平成23・10・25民集65巻7号3114頁でも、販売業者の不適正取引行為についてあっせん業者の認識の有無および程度等に照らし、売買契約と一体的に立替払契約の効力を否定することを信義則上相当とする特段の事情があるときは、これをあっせん業者に主張しうる余地を認めている。

　そして、冒頭でも記載したが、クレジット会社を通じた取引については、既払い分、未払い分を問わず全額の被害回復を図るのが原則であり、1年以上前の取引であるなど特別の事情がない限り、相当程度の確率で被害回復を実現できる。

3　電子マネー決済を利用している場合

(1)　交渉の相手方

(A)　直接決済型の場合

　決済代行業者またはサクラサイト運営業者自身が電子マネーの加盟店である場合、交渉の相手方となるのは、電子マネー業者、決済代行業者、サクラサイト運営業者の3者である。

　もっとも、実際には、サクラサイト運営業者自身が加盟店となっている例は少なく、決済代行業者が加盟店となっている場合がほとんどである。

(B)　譲渡型の場合

　譲渡型の場合は、相手方となるのは、電子マネー業者、サクラサイト運営業者である。

(2)　具体的な対処方法

(A)　直接決済型の場合

　直接決済型の場合は、電子マネー業者に対しては、使用した電子マネーのIDを特定して当該電子マネーが利用されたサクラサイト運営業者を照会し、あわせて返金を求める。電子マネー業者によっては、特定の照会用のフォーマットを用意している業者もある（インターネットで購入した場合はインターネットからIDを特定でき、コンビニで購入した場合は購入時に渡される証票等でIDを特定できる）。任意の情報開示に応じなくても、弁護士会照会であれば、開示に応じる場合がある。電子マネー業者自身が返金に応じることはほぼないが、サクラサイト運営業者や決済代行業者に対し返金を促してくれることが多く、サイト運営業者や決済代行業者から返金されることは多い。実際、電子マネー業者は加盟店契約において、トラブルが生じた場合の解決の責任を加盟店（サイト運営業者やその間に入る代理店）に負わせており、サイト運営業者が今後も電子マネーを利用するつもりであれば、返金交渉に対応せざるを得ない。最近は、サイト運営業者のトラブルの多さを電子マネー業者も十分に認識しているためか、サイト運営業者との間に決済代行業者を挟んで契約していることが多い。この場合は、当該決済代行業者が返金交渉に対応することになる。

　この電子マネー業者に対する通知と同時に、サイト運営業者および決済代行業者にも通知を送り、返金を求める。

　被害者が電子マネー証票を捨ててしまった場合、基本的にIDが特定できないが、筆者が経験したケースでは、被害者が電子マネーを購入した店舗（コンビニ）と日時を電子マネー業者に連絡したところ、ほぼ全部を特定できたものがある。

　なお、電子マネーをクレジット購入して利用するケースもある。その場合の対応は、前記2(2)(B)で説明したクレジット決済を利用した場合の対応とほ

ぼ同じである。サクラサイト運営業者に対する対応は、前記1⑵(A)と同じである。

　返金に応じない場合、最終的には訴訟を提起することとなる。電子マネー業者と決済代行業者については、違法なサクラサイト運営業者に対し過失により決済手段を提供して幇助したとして（民法719条2項）、共同不法行為責任を問うことが考えられる。主要な争点となるのは、電子マネー業者において自分の提供する決済手段が犯罪に利用されることについて予見できたこと（予見可能性）である。この立証のハードルは非常に高い現状にあるが、被害がこれだけ継続している中で、被害状況が改善されなければいずれ予見可能性が認められるケースが出てくると考えられている。

(B)　譲渡型の場合

　(a)　電子マネー業者に対して

　譲渡型の場合について、実務上頻繁に使用されているアマゾンギフト券を例にとって説明する。アマゾンギフト券の場合、アマゾンに連絡した段階でギフト券が使用されていなければ、IDをロックして使用できないようにし、返金に応じてもらえる場合がある。

　アマゾンギフト券には、下記の3つのタイプがある。

①　インターネット上でクレジット購入するタイプ（EメールでIDが通知されるので、「Eメールタイプ」と呼ぶ）

②　コンビニでカードを買うタイプ（「カードタイプ」と呼ぶ。裏面のスクラッチ印刷を削るとIDが出てくる）

③　コンビニの端末で買うタイプ（「シートタイプ」と呼ぶ。購入時に渡されるシートにID番号が記載されている）

　筆者の経験するところでは、Eメールタイプについて、連絡した際に未使用であった分についてはクレジット請求の取消しに応じてもらえた。また、カードタイプについては、購入したコンビニで返金対応をお願いするよう指

69

示され、無事返金に応じてもらえたケースがある。このように、ギフト券が使用されていなければ、返金に応じてもらえる場合があるので、すぐにアマゾンに連絡すべきである。

　なお、アマゾンギフト券は、特定のアカウントに登録して初めて使用できる。そして、いったん特定のアカウントに登録してしまえば、そのアカウント以外のユーザーは使用できなくなる。そこで、他のユーザーによる使用を防ぐため、取りあえず相談者のアカウントにギフト券を登録させるのも有効な方法である。アマゾンへの連絡方法は下記のとおりである。

① 　アマゾンのウェブサイト最下部（フッター）にある「カスタマーサービスに連絡」をクリック

② 　「カスタマーサービスに連絡」をクリック

③ 　サインイン画面が表示されるので、メールアドレスとパスワードを入力してサインイン（なお、アカウントを持っていない場合はサインインを省略することも可能）

④ 　問合せの種類を選択する（4つあるが、何でもよい）

⑤ 　問合せ内容を選択する（何でもよい）

⑥ 　詳細内容を選択する（何でもよい）

⑦ 　電話かEメールを選択する

⑧ⓐ（電話の場合）　電話番号を入力し、「今すぐ電話がほしい」または「5分以内に電話がほしい」をクリック。アマゾンから電話がかかってくる。

⑧ⓑ（Eメールの場合）　アドレスと問合せ内容を入力し、メール送信。

　上記はアマゾンギフト券の例であるが、他の電子マネー業者についても、未使用であれば返金に応じてもらえる余地があると思われるので、まずは連絡してみることが必要である。

　すでに使用されていた場合、電子マネー業者とサクラサイト運営業者には全く何のつながりもないことから、返金を求めるのは難しい。

　(b)　サクラサイト運営業者に対して

　譲渡型では、サクラサイト運営業者自体がどこの誰なのかわからないのが特徴である。そこでまず、サクラサイト運営業者が使用している連絡ツールから業者の特定を試みる。

　筆者の経験したケースでは、連絡手段に携帯電話のメールアドレスが使用されており、そのアドレスについて弁護士会照会をかけたところ、犯人を特定できた、というものがあった。メールアドレスだけでも携帯電話会社が照会に応じることがこれでわかった。ただ、ヤフーやグーグルのウェブメールを使用している場合、ヤフーやグーグルに照会をかけても応じてくれない。

　また、使用された電子マネーのIDについて、インターネット上のRMT業者に対してしらみつぶしに調査依頼をかけていく方法もある。筆者は、アマゾンギフト券が詐取された事案において、インターネット検索をして出てきた39社のRMT業者に一斉に任意の調査依頼をかけたことがある。そのうち10社が応じてくれた（該当するものはなかったが）。

　これらの業者に調査依頼をするにあたっては、郵送ではなくメールがよい。RMT業者がインターネット上に表示している住所は、建物名や部屋番号までの記載がないものがほとんどであり、名前も屋号である。したがって、郵送だと、ほとんど「宛名不完全」や「あて所に尋ねあたらず」で返送されてしまう。また、メールであれば、IDをまとめたデータを添付して送ることができるため、業者側も照合がしやすい。メールアドレスを公開していない業者もいるが、最低でも問合せフォームは必ずあるので、問合せフォームに調査依頼文を打ち込み、送信すればよい。

　以上の手段によってサクラサイト運営業者の特定ができた場合、返金を求めていくことになる。

　なお、サクラサイト運営業者が使用しているドメイン（インターネット上の住所。例：google.co.jpやyahoo.co.jp等）について、whois情報を調べる方法もあ

る。whoisとは、ドメイン登録者の連絡先等が載っているものである（「whois」
と検索すると、whois情報を検索できるサイトが出てくる）。ただ、サクラサイ
ト被害事案について、筆者の経験する限りでは、ドメイン登録者の情報が
whoisへ正直に記載されていた例はない。

4　コンビニ収納代行決済を利用している場合

⑴　交渉の相手方

　コンビニ収納代行の仕組みから、交渉の相手として考えられるのは、コン
ビニ、決済代行業者、サクラサイト運営業者の3者である。

　コンビニについては、サクラサイト運営業者について直接の契約関係も認
識もないため、交渉相手として過度の期待はできない。しかし、事実として
サクラサイト詐欺業者に対し決済手段を提供した点につき一定の責任を問う
余地はあり、また決済代行業者へ対応を促すことも期待できる。

　決済代行業者については、多くの場合、サクラサイト運営業者との直接の
加盟店関係にあり、密接な関係と影響力を有する。裁判例上も、収納代行業
者としての通常の注意義務に違反し利用者に損害が生じた場合には不法行為
が成立しうる旨を認めた裁判例（後掲の東京高判平成27・9・30判例集未登載）
や、コンビニ収納代行ではないものの、実際に損害賠償責任を認めた裁判例
（後掲の広島地裁三次支判平成27・2・10判例集未登載、広島高判平成27・12・16
判例集未登載）があり、有力な交渉相手となる。

⑵　具体的な対処方法

(A)　コンビニや決済代行業者に対して

　サクラサイト詐欺で利用されるコンビニ収納代行決済は、あらかじめ払込
票の発行されない、支払番号によるペーパーレス方式である。そのため、ま
ずはこの支払番号により利用を特定して、コンビニや決済代行業者に対し、
支払金が詐欺の被害金にあたる、まだ支払金が移転していないのであればそ

の移転を中止してもらいたい、移転してしまっているのであればその移転先
(加盟店)を教えてほしい等の通知を行うとともに、いつ、どのような加盟店
の、どのような商品・サービスに係る購入代金を収納したものか、その詳細
な履歴や加盟店契約書等についても問い合わせることになる。

　そのうえで、法の趣旨や自主規制、過去の裁判例、加盟店契約の内容その
他個別具体的事情等から、当該決済代行業者にも条理上の注意義務と責任が
存在することを指摘して、被害金返還交渉をすることが考えられる。

　　(B)　サクラサイト運営業者に対して

　サクラサイト運営業者については、その他の決済手段の場合と同様である。

　　(C)　訴　訟

　任意の交渉による解決が図れない場合は、訴訟提起をすることが考えられ
る。

　コンビニ収納代行による決済がなされた場合においては、これまで、サク
ラサイト運営業者のほかに、決済代行業者に対する責任を追及する訴訟も提
起されてきた。責任追及の根拠としては、サクラサイト運営業者にコンビニ
収納代行決済という決済手段を提供したことによる不法行為責任が主流と
なっている。

　そして現在では、決済代行業者がサクラサイト運営業者の違法行為を認識
しまたは収納代行業者として通常の注意をもってすればこれを認識すること
ができたのに、適切な調査・確認をせず、収納代行業務の停止または収納代
行契約の解除等の措置もとらないまま加盟店契約をそのまま継続し、業務の
対価を収受して利得を得ながら、消費者に損害を与えた場合には、加盟店審
査・管理に係る善管注意義務違反があるとして、故意または過失による不法
行為責任を負う場合がある旨を明言する判決も出されている(東京高判平成
27・9・30判例集未登載(平成26年(ネ)第5001号))。

　また、コンビニ収納代行ではなく単なる収納代行に対する事案ではあるが、

広島地裁三次支判平成27・2・10判例集未登載（平成24年㈠第66号）および広島高判平成27・12・16判例集未登載（平成27年㈱第115号）のように、決済代行業者の不法行為責任を認める裁判例も存在する。

　したがって、現在、コンビニ収納代行に係る決済代行業者（収納代行業者）については、認識可能性に係る具体的事実が揃えば、責任が認められる段階に到達しているといえる。

Ⅲ　民事訴訟

1　一般的な場合

⑴　被告の特定

　民事訴訟を起こす場合には、サクラサイト運営業者、その代表者、各決済業者に対して責任追及を行っていく。

　サクラサイト運営業者については、サイト上の特定商取引法に基づく表記やウェブサイト上での情報を手がかりとしてインターネット異性紹介事業者台帳等から確認する方法が一般的である。

⑵　責任追及の法的構成

　サクラサイト運営業者に対しては、端的に民法709条の不法行為責任を問うことになる。

　サクラサイト運営業者の、利用者に登録させサイトの利用を続けさせるという一連の行為は、虚偽の事実を申告して利用者を欺き誤信させ、利用者にサイトの利用を継続させることによって金員を支払わせるためになされている行為であり、利用者に対する詐欺行為といえる。サクラサイトでのやりとりを通じて利益を得るのは、サクラサイト運営業者だけである。「サクラサイト」は、サイト運営業者が、自らが利益を得るために、利用者のさまざま

な心理に付け込んで利用者を欺いて誤信させ、利用者の誤信に乗じて利用者から金員を詐取する目的で設計された、詐欺の手段にほかならないといえる。

そこで、サクラサイトを使ってなされるサクラサイト運営業者の一連の行為は利用者に対する不法行為を構成するものであり、構造的に違法であるとして、サクラサイト運営業者の不法行為責任（民法709条）を問うていくことになる。

サクラサイトの違法性判断の枠組みとしては、東京高判平成25・6・19判時2206号83頁（平成24年(ネ)第4873号）の枠組みが参考になる。すなわち、①被害者がサイト内で受け取ったメールの内容が不自然であり、指示内容も不合理であることからは、その目的がいずれも被害者にできるだけ多くのポイントを消費させて高額の金員を支払わせることにあることが明らかであること、②高額な利用料金を支払わせることによって利益を得るのはサクラサイト運営業者しかいないこと、③したがって、被害者がサイトでメール交換した相手方はサイト業者が組織的に使用している者（サクラ）であるとみるほかなく、サイト業者は、被害者に対して、サクラを使用して、かつサクラであることを秘して、申出内容を実現する意思があるように虚偽のメールを送信してその旨誤信させ、申出内容実現のため一定の操作・手続が必要であるかのように申し向けてその旨誤信させ、これにより多額の金員を支払わせたものであり、詐欺に該当し、不法行為責任を免れない、と判断するものである。

(3)　立証方法

具体的な立証は、利用者がやりとりしたメッセージ、PIO–NET情報、口コミサイト等の同種被害の情報、本人の陳述書、などで行うことになる。決済金額が不自然に高額であることも、サクラサイトであることの立証に役立つものである。

サクラサイト運営業者の代表者については、サクラサイトという構造的な

詐欺の手段を構築した者として、固有の不法行為責任を問うほか、代表者としての第三者責任を問うことが考えられる（会社法429条等）。

各決済業者に対しての責任追及の方法や主張の内容については、各決済手段の項目を参照されたい。

2　背後者への責任追及の可能性がある場合

⑴　背後者への責任追及の必要性

サクラサイト運営業者は、サイト上の「特定商取引法に基づく表記」という箇所に連絡先が掲載されていることが多いが、サクラサイト被害をめぐる事件受任後、掲載されている連絡先に受任通知書を送付しても、記載された所在地に通知書が届かなかったり、あるいは配達されても何の返答もないことがある。

また、銀行振込による被害の場合、口座凍結を行っても、同口座には残高がほとんど残っておらず、被害回復につながらないことも多い。

そこで被害回復のためには、クレジットカードの決済代行業者、電子マネー発行業者、銀行振込の集金代行業者（口座を各加盟店に提供して、集金代行を行う業者が存在する）等の決済手段を提供し関与している会社に対して、その法的責任を追及することが検討される。

その一方で、サクラサイト運営業者の背後にいる業者（被害金の実質的な帰属主体。以下、「背後者」という）に対する責任追及も活用されるべきである。

サクラサイト運営業者は、単なるペーパーカンパニーであったり、実際にアルバイト等を雇用し、システムをリースするなどして、サクラサイト運営をしていたりすることもあるが、サイト運営業者その他の名義の口座に被害者から送金された金員が、いろいろな口座を経由して、最終的には全く表には出てこない特定の会社に送金されて、帰属していることがある。

そういった実態を暴いたのが、ウイングネット・フリーワールド事件であ

る。同事件では、ウイングネットという運営会社が数々のペーパーカンパニーを利用して被害を発生させていたことが明らかになり、ウイングネットおよびその関係者の民事・刑事上の責任が問われた事案である。さらに、被害者からは全く見えないフリーワールドという広告会社が、宣伝広告費やシステムリース料など名目をさまざまに振り分けた装いで、実際にサクラサイトを運営していたウイングネットから被害額約117億円のうち、約78億円を受け取っていた事実が明らかとなった。

　また、インパクトグループ事件では、一見別々のサクラサイトの運営業者において、インターネット異性照会事業者台帳に登録した住所、電話番号、メールアドレスが、いずれもインパクトという法人の本店所在地、電話番号、メールアドレスであったことや、サイト運営業者とインパクトの役員の共通性、別々のサイトの運営業者が同一の法人を介して資金移転を繰り返していたことから、実態はインパクトを頂点とするグループが形成され、インパクトが他のサイト運営業者らを手足のように使ってサクラサイトを運営させていたとして、背後のインパクトおよび関係者の責任を追及した事案である。

(2)　背後者への責任追及の方法（証拠の収集方法）

(A)　弁護士会照会

　被害者が送金した口座だけでなく、当該口座からさらに資金が移っている口座の情報について、弁護士会照会を行うことも有益である。

　具体的には、まず被害者が送金した口座について、当該口座を管理する金融機関に対し、当該口座の口座名義人の住所もしくは所在地・連絡先等の情報だけではなく、口座履歴についても照会を行うことになる。

　口座履歴の照会における照会事項例としては、以下のものなどが考えられる。

①　口座から資金移転（振り込め詐欺被害救済法3条2項）された口座の有
　　無

②　仮に上記口座から資金移転された口座が存在する場合には、そのすべての口座について、ⓐ銀行名、ⓑ支店名、ⓒ預金の種類、ⓓ口座名義、ⓔ口座番号

③　上記の根拠となる口座履歴の書類等の写し

当該金融機関から口座履歴の情報や移転先の情報を得たのちは、再度移転先と疑われる口座を管理する金融機関に同様の照会を行うという作業を丹念に繰り返していくことになる。

(B)　刑事告訴、刑事記録の閲覧

刑事手続における警察・検察の捜査により、有益な証拠が残っていることがある。たとえば、捜索差押えにより、サクラサイト運営業者のサーバーを保全して、被害者とのメールのやりとりのみならず、社内での社員間のメールのやりとりや、サクラを演じるためのマニュアルなどの社内資料が出てくる可能性がある。サクラ（キャラクター設定）の作成方法が書かれたシステムの仕様書や、資金移転に関する口座移転情報なども存在する可能性も高い。

また、被疑者や関係者の取調べにより、社内での人間関係（上下関係）や、対外的には関係のない会社（背後者）に所属する人物が、売上げのチェックや、サクラ行為の指導などを行っていたことなどを供述することもある（特に、末端のアルバイト従業員などは、ありのままに会社の内情を供述する傾向がある）。

かかる資料により、①サクラサイト運営業者がサクラ行為を行っていた事実のみならず、②対外的には関係のないはずの会社の人間（背後者）が、サクラ行為に深く関与していたこと（後述する共同不法行為性の認定）を裏づける事実が判明することがある。

このように、刑事手続における記録は、非常に重要な証拠であるため、公判担当の検察官と連絡をとり、刑事記録の閲覧の手続を行うべきである。また、いまだに刑事事件化していないのであれば、警察に対して刑事告訴・刑事告発を行い、警察による捜査を促すことも考えられる。

(3)　背後者に対する責任追及の法的構成

　背後者に対する責任追及の法的構成は、共同不法行為（民法719条）と考えられる。

　共同不法行為の成立については、①複数の行為者の行為が客観的・社会的にみて関連して行われた場合（民法719条1項）、②直接の加害行為を行ったわけではないけれども、不法行為の実行の意思を決定させたり（教唆）、実行を容易ならしめる行為（幇助）をした者に対し、その共同行為者の責任を問う場合（同条2項）がある。

　いずれの場合でも、組織的詐欺の事案において、詐欺の加担者が、互いの行為を利用・補完し合って組織として詐欺商法を遂行している場合に、そうした詐欺商法に加担した者は、組織的詐欺行為を共同して実行した者として、または教唆・幇助した者として、共同不法行為責任は免れない。たとえば、振り込め詐欺グループが起こした犯罪の場合には、電話連絡役や現金下ろし役、書類メール役など、それぞれが独立して相互に無関係に振り込め詐欺を実行していたというものではなく、複数の実行グループが、それぞれの役割を果たしながら、一体の組織として振り込め詐欺に関与していたとして不法行為責任が認められる（東京地判平成21・3・25判時2041号72頁）。

　サクラサイトの運営業者の背後者に対しても、たとえば、背後者がサイト運営業者のサイト運営に不可欠なシステムをレンタルしたり、サイトの広告（サクラサイトにおける「広告」とは、潜在顧客（被害者）を当該サクラサイトに誘導して利用させることまでを担当するものである）を担当したりして利益を得ていた事実等をもとに、民法719条1項ないし2項の共同不法行為責任を追及することになる。背後者については、被害者に対する直接的な加害行為がないことが多く、サイト運営業者の不法行為と関連共同し、あるいは少なくとも運営会社の不法行為を教唆・幇助したことを理由に、民法719条1項ないし2項に基づく共同不法行為責任を追及することになろう。

79

(4)　主張立証方法

サクラ行為自体の主張立証については前記1(1)(2)を参照されたい。

背後者の関連共同性を主張立証するには、この点については直接的な証拠がないことが多いため、間接事実・間接証拠の積み重ねにより主張立証することになると思われる。

間接事実・間接証拠については、上述のとおり、刑事記録の中に、間接事実・間接証拠の中でも主張事実を推認させる強い事実・証拠が出てくることが多い。たとえば、以下のものなどがあげられる。

①　運営業者から背後者に対する金員の動き

②　背後者が実際に運営業者の運営において深くかかわっていた事実

③　運営業者の役員と背後者の人間関係

④　運営業者が設立された経緯

前掲のウイングネット・フリーワールド事件では、刑事記録等を利用して、これらの間接事実を1つずつ積み上げて、背後者の共同不法行為性を主張立証したものである（資料編【資料13】（準備書面（目次）例）参照）。

(5)　まとめ

以上のとおり、背後者への責任追及は、背後者に溜まっている資金を回収するという被害回復の点において、有効な方法である。

また、被害者側に見えている会社がいわば末端の存在であることも多く、背後者への責任追及は、被害者から得た利益を実際に享受している存在に対して責任を追及するものであり、サクラサイト被害撲滅の観点からも有効である。さらに、上述のとおり刑事事件を促し、活用するという面でも、同様にサクラサイト被害の抑止の観点からも有益である。

3　サクラサイトの承継が生じている場合

(1)　はじめに

サクラサイトでは、利用途中でサイト名や運営業者、振込先が変更されることが頻繁にある。

まず、サイト名が変更された場合については、訴訟の相手方はサクラサイトを運営する運営業者であるので、サイト名が変更しても運営業者が変わっていなければ、相手方を変える必要はない。

次に、現金振込の際の振込先口座名義が変更された場合については、サクラサイトでは、振込先名義が運営業者名になっている場合もあれば、個人名になっている場合もある。振込先名義が運営業者名になっていれば問題ないが、個人名の場合には、その振込がサイト利用の利用料等支払いのための振込であること証明する必要がある。たとえば、振込先の指定が記載されたサイト画面をプリントアウトしたものや、メール画面などで証明することになるが、このようにサイトが振込先を指定した証拠があれば、振込先が変更になっても、当該サイトの利用に係る連続した振込であることを証明できるので、変更前から変更後までの全額を請求することができる。

(2)　サクラサイト運営業者が変更された場合

サクラサイト運営業者が変更される場合が最も問題となる。

原則としては、運営業者が変更になれば運営法人が変わるので別人格となり、変更前の運営業者の行為について変更後の運営業者は責任を負わないことになる。このことから、サクラサイト運営業者は自らの責任を免れるために新たな会社を次から次へと設立し、頻繁に運営業者を変更するという方法をとることが多い。そして、サイト運営業者が変更になると、被害者は変更前の運営業者と連絡がとれなくなり、損害賠償の請求が困難になってしまうのである。

　そこで、請求時にサクラサイトを運営している変更後の運営業者に対して変更前の運営業者の責任を問えないか、が問題となる。請求時にサクラサイトを運営している運営業者であれば、連絡もとれ、資金もあることが見込まれるため、損害賠償の請求および回収の可能性が高くなるからである。

(3)　変更後の運営業者に対して変更前の運営業者の責任を追及するための理論構成

　変更後のサクラサイト運営業者に対して変更前の運営業者の責任を追及するための理論構成としては3つの構成が考えられる。

(A)　承継的共同正犯

　変更前のサクラサイト運営業者が、サクラを使って被害者が錯誤に陥っている状態を作出したうえで、詐欺行為を行っている「場」であるサイトを変更後の運営業者に引き継ぎ、変更後の運営業者が当該サイトでサクラを使ってそのまま運営を続けているのであれば、サクラを使った不法行為について共謀があったうえでサイトを承継したと認められる。

　そして、この共謀に基づいて、変更後のサクラサイト運営業者が、変更前の運営業者が作出した被害者の錯誤に陥った状態を積極的に利用し、サクラの詐欺行為を容易にして、被害者の損害を拡大させた場合には、変更後の運営業者は変更前の運営業者の不法行為の結果についても責任を負うべきである。

(B)　法人格否認の法理

　変更前のサクラサイト運営業者が解散ないし事業を廃止するにあたり、その組織や従業員を同一にして新たな外形上の法人格を作出しただけであれば、実質的に変更前の運営業者と変更後の運営業者とは同一といえる。

　また、会員も含めてサイトを変更後の運営業者に移転しているのであれば、損害賠償債務を免れるために変更前の運営業者を清算したものとして、変更前の運営業者と変更後の運営業者とは一体であるため、別法人だと主張する

82

ことは法人格の濫用であるといえる。

(C)　事業譲渡（サイト売買）

変更後のサクラサイト運営業者が、変更前の運営業者から、サイトと会員との契約関係（会員契約・利用規約上の地位）、および、サービス提供上の具体的取引契約を譲受している（会員の錯誤状態を譲受したともいえる）以上、会員契約・利用規約上に基づいた既発生の債権債務、および、取引契約に基づいた既発生の債権債務も譲受しているといえる。

そして、サイト名を変更している場合であっても、サイト名およびサイトデザインが類似であれば、商号ではなくとも商号類似のもの（サイト）を続用しているので、変更後の運営業者は、変更前の運営業者の事業によって生じた債務を弁済する責任を負う（会社法22条1項）といえる。

(D)　実際の訴訟事案

(a)　さいたま地裁川越支判平成26・10・30判例集未登載

本件は、A会社の運営するサイト「○○恋」で約600万円の被害に遭い、その後、B会社の運営するサイト「××恋」で約30万円の被害に遭ったという事案であり、サイト承継の際には、サクラが「サイトが移動した」として誘導していること、「○○恋」と「××恋」とで登場するサクラの名前が同一であったこと、「○○恋」と「××恋」とでサイトデザインに同じ部分があり似通っているという証拠があった。訴訟提起時、A会社は清算済みであり「○○恋」も閉鎖していたが、B会社の「××恋」は当時も運営を継続していたため、B会社に全責任を問えないかが問題となった。

本判決は、サイトが承継した際にサクラが被害者を誘導したメッセージがあったこと、「○○恋」と「××恋」で同じ名前のサクラが継続してメッセージのやりとりを行っていたこと、証人として出廷したB会社の社員の証言の内容から、A会社とB会社とは実質的に同一法人であるとの疑いが強く、仮に別法人であっても密接不可分の関係にあると認められることから、運営業

者の変更前と変更後で不法行為は一連一体のものと判断され、変更後のサクラサイト運営業者（＝B会社）に対して変更前の運営業者（＝A会社）の責任も認められる旨判示した。

(b)　仙台地判平成30・4・20消費者法ニュース116号347頁

本件は、C会社が運営するサイト「甲」で約1148万円の被害に遭ったが、その後、C会社がD会社に事業譲渡をし、D会社が運営するサイト「乙」で約338万円の被害に遭ったという事案であり、事業譲渡の際、C会社は、①「甲」サイトが「乙」サイトに生まれ変わる旨、②「甲」サイトのポイントが「乙」サイトにそのまま引き継がれる旨、③「乙」サイトを利用するために必要なポイント数は「甲」サイトと同じである旨、④「甲」サイトでやりとりをしている相手とは「乙」サイトで従前と同様にやりとりが可能である旨を利用者に通知した。

この点、C会社およびD会社は、事業譲渡は積極財産のみを対象とするものであってC会社の債務はD会社に移転しない旨主張したが、それを裏づける証拠は提出しなかった。

本判決は、C会社は、インターネット異性紹介事業の全部をD会社に譲渡したものであるから、D会社は、C会社の原告に対する不法行為に基づく損害賠償債務を本件事業譲渡により承継したものというべきである旨判示した。

4　主張立証の工夫

(1)　証拠保全

(A)　証拠保全の検討

決済代行業者に対する訴訟提起に先立って、証拠保全（民事訴訟法234条以下）の申立てを行うことが考えられる。

決済代行業者の規模、業態はさまざまであるが、サクラサイト被害や情報商材被害において、サクラサイト運営業者や情報商材販売業者と、アクワイ

アラーまたは電子マネー会社を結ぶ決済代行業者は一部の限られた業者（いわば「審査の甘い業者」）に集中している実態がある（第3章Ⅵ参照）。

　そのような決済代行業者の中には、訴訟において、被害者側（原告）が、決済代行業者（被告）とサクラサイト運営業者等との間で作成された契約書（加盟店契約書等）や加盟店管理に係る資料を証拠として提出するよう求めても、さまざまな理由を付けてこれを提出しないこともあり、原告側の立証（特に「過失」の立証）が困難となる場合がある。そこで、積極的に証拠保全によって、事前に証拠を確保することを検討すべきである。

　また、仮に、証拠保全（検証）の場において、検証物提示命令が発令され、それにもかかわらず決済代行業者が検証物の提示を拒んだ場合には、被害者側の主張の真実擬制（民事訴訟法232条1項、224条1項・3項）がされる場合もある。加えて、文書提出義務がない資料についても証拠保全の対象とすることも認められており（森冨義明＝東海林保編著『証拠保全の実務〔新版〕』117頁参照）、実際、相手方が文書提出義務を特に争うことなく、任意に提出することも多いため、開示を受けたい資料は広く検証物目録に記載すべきである。これらの点からも証拠保全は有用な証拠収集手段である。

(B)　申立書の作成

(a)　相手方

　本案訴訟において、決済代行業者（法人）に加えて、その代表者も被告とすることを予定する場合には、一般的には証拠保全手続においても当該代表者を相手方とすることが望ましいとされている（森冨＝東海林編著・前掲書81頁参照）。

　しかし、相手方に証拠保全に立ち会う機会を保障するため、証拠保全の期日には、相手方を「呼び出さなければならない」（民事訴訟法240条）とされており、当該代表者を証拠保全の相手方に加えた場合、証拠保全の実施日に当該代表者が事業所に不在であれば、証拠保全手続が実施できない可能性もあ

る（延期されるなど）。そのような可能性も考慮して、あえて、代表者を相手方としないことも検討すべきである。

　　　(b)　申立ての趣旨

「検証」の方法による場合、「（決済代行業者の住所）の相手方に臨み、相手方保管に係る別紙検証物目録記載の物件の提示命令及び検証を求める」などと記載することになる。

　　　(c)　証拠物（検証物目録等）

どのような証拠資料を証拠保全の対象とするかは、検討が必要である。決済代行業者を相手方とする場合には、割賦販売法や資金決済法等の加盟店管理に係る規定（自主規制やガイドラインも含む）を踏まえて、いかなる資料が作成されているかを検討することになる。大きく分類すると、①契約関係、②加盟店管理関係、③認識可能性の観点から検証物目録を作成していくことになる。

　具体的には、以下のような資料を対象とすることが考えられる。

①　サクラサイト運営業者等との間で締結した契約書（加盟店契約等）

②　加盟店契約等を締結するのに際し、サクラサイト運営業者らが提出した申請書類およびその添付書類

③　加盟店契約等を締結するのに際し、サクラサイト運営業者等ないし当該サイト（情報商材被害の場合は当該商材）について調査した方法、内容および結果等が記載された資料

④　加盟店契約等を締結した後に、サクラサイト運営業者等ないし当該サイト（情報商材被害の場合は当該商材）について調査した方法、内容および結果等（調査の端緒を含む）が記載された資料

⑤　相手方が④の調査の結果に応じてとった措置（時期、理由、措置の内容等）が記された資料（相手方が加盟店契約を解除している場合には、解除した事実、解除の時期および解除の理由等が記載された資料を含む）

⑥　決済代行業者が加盟店審査の際に使用する審査マニュアル、加盟店規約、社内規則等（○年○月○日から○年○月○日までの期間に利用されていたもの）

⑦　苦情が発生した際の加盟店への指導に関するマニュアル等（○年○月○日から○年○月○日までの期間に利用されていたもの）

⑧　相手方が顧客や消費生活センター等から受けた当該サイトおよびサクラサイト運営業者等に関する苦情・問合せ等が記録された書面（ただし、申立人以外の顧客等が特定される部分は除く）

⑨　当該サイトの決済についてなされたチャージバックおよびキャンセルについて、その時期、理由、金額、件数等が記された書面（ただし、申立人以外の顧客等が特定される部分は除く）

⑩　決済代行業者の従業員とサクラサイト運営業者の担当者（元従業員も含む）との間で、○年○月○日から○年○月○日までの間（実際の事案に応じて具体的に年月日を記載する）に、（加盟店調査に関連する事項について）受送信された書面および電子メール

　このほかにも、決済代行業者と決済手段提供者（アクワイアラー、電子マネー会社等）との間で締結した契約（包括加盟店契約、包括代理契約等）に係る書面、決済代行業者から本件サイト業者に対して、本件サイト利用料金を支払った際の支払いの記録（各支払日の支払金額が記載されている資料）などが考えられる。

　どのような資料を保有しているか、電話で交渉する際に確認しておくことも考えられるが、破棄、隠匿、改ざんがなされないよう注意する必要がある。

　その他、電磁的記録も対象とすることや、バスケット条項（「その他別紙取引履歴一覧表の各取引に関して作成された一切の資料」や「その他申立人に関し作成された一切の資料」などの包括条項）についても検証物目録に盛り込んでおくべきである。また、後述のとおり、各資料について、提示命令の可否は必

ず検討しておく必要がある。

  (d)　証明すべき事実

　証明すべき事実（民事訴訟法180条1項、民事訴訟規則99条1項）の記載は、「当該証拠でいかなる事実を証明するのかについて具体的な記載が必要」とされている（森冨＝東海林編著・前掲書99頁）。すなわち、保全する証拠によって、いかなる事実を証明するのか、当該証拠と証明すべき事実の関連性が明らかになる程度に具体的でなければならない。

　たとえば、前記(c)①ないし③によって、決済代行業者の初期審査（加盟店契約時の審査）が杜撰であったことを立証したいと考える場合には、単に「初期審査が杜撰であったこと」などと抽象的な記載では不十分と思われる。

　また、仮に決済代行業者が、提示命令に従わない場合には、本案訴訟において真実擬制（民事訴訟法224条3項、検証の場合232条1項）がされる場合もあることを考慮して、より具体的な事実を記載するよう工夫すべきである。

例「相手方は、サイト運営業者との加盟店契約締結時の審査において、悪質な加盟店を排除するうえで実効性のある審査マニュアルを作成するなど、悪質な加盟店を排除するための体制を構築したうえで、本件サイト運営業者らに提出させた申請書類等を審査資料として、当該申請書類等に記載された申込事実が真実かを確認、審査すべきであったにもかかわらずこれを怠った事実」

  (e)　証拠保全の事由

　証拠保全の事由とは、「あらかじめ証拠調べをしておかなければその証拠を使用することが困難となる事情」（民事訴訟法234条）である。通常の証拠保全申立てと同様に、①本案訴訟の内容（当事者、事実経過、責任原因）、②証明すべき事実と証拠との関係性（証拠の存在も含む）、③証拠保全の必要性を

記載する。

　ここでは、②、③について述べる（①については、後記(2)「決済代行業者に対する責任追及」を参照されたい）。

　　　(f)　証明すべき事実と証拠との関係性

　決済代行業者は、電子商取引の増加に伴って出現してきた新しい業態であるため、裁判官によっては、決済代行業者の業務内容等についてほとんど理解していない場合もある。そのため、クレジットカード決済の場合であれば、サクラサイト運営業者等、イシュアー、アクワイアラー、決済代行業者、消費者の関係図（電子マネー決済の場合であれば、サクラサイト運営業者等、電子マネー発行会社、決済代行業者、消費者の関係図）を記載するのも有用と思われる。

　また、証拠保全の対象となる証拠資料がそもそもどのようなものなのか、それらの証拠資料が存在すると考えられる理由等を丁寧に説明する必要がある。そのうえで、裁判官に、個々の証拠資料が、証明すべき事実との関係でどのような意味をもつのかを理解してもらう必要がある。

　このため、この点については、「証明すべき事実と証拠との関係性」などとの独立した「項目」を設けて、詳しく記載するなどの工夫が必要である。たとえば、証拠ごとに、①証拠の概要（当該証拠がどのようなものか）、②証拠が存在すること（決済代行業者が当該証拠を保有していると考える根拠）、③証明すべき事実との関係（当該証拠が、立証事実について証明力を有すること）を順に記載するなどが考えられる。

　　　(g)　保全の必要性

　サクラサイトの運営業者は、短期間でサイトを閉鎖して、次々とサイトを開設していくのが通常である。事件の相談を受けたときにはすでにサイトが閉鎖されて閲覧できない状態になっていることも珍しくない。

　そして、サイトの閉鎖に伴い、決済代行業者とサクラサイト運営業者との契約関係も短期間で終了し、契約書、審査書類、連絡文書などの証拠資料が

廃棄されてしまう可能性は高い。

　また、サクラサイト事件や情報商材事件で頻繁に登場してくるような決済代行業者については、自らの審査が不十分である（審査が甘い）ことを自覚している場合も多く、かつ、仮に訴訟などでその責任が認められればそれによって被る損害が大きいことから、責任を免れるために証拠資料を早期に廃棄し、また、訴訟などになれば改ざんする可能性も十分にある。

　これらの点を指摘して、保全の必要性があることを主張、疎明することになる。交渉段階で決済代行業者に対して資料を開示するよう求めたものの、開示を拒否されたような事実があれば、この点も主張、疎明するのがよい（ただし、この場合も破棄、隠匿、改ざんがなされないよう注意する必要がある）。

(C)　事前準備、証拠保全当日

　検証期日に備えての事前準備として、各検証物について提示命令が発令可能であること（文書提出義務があること）については、法令（割賦販売法、資金決済法など）や裁判例（文献として、山本和彦ほか編『文書提出命令の理論と実務〔第2版〕』など）も参照して十分に検討し、裁判官と事前に協議しておくべきである。これに関連して、検証期日において相手方が自己利用文書や秘密文書に該当しうる相応の理由を述べた場合でも、インカメラ手続を実施するよう要請し、必要に応じて最小限度のマスキングをしたうえで開示をさせるよう対応するのがよい。

　また、相手方が主張する可能性のある事項（責任者がいない、顧問弁護士が到着するまで応じない、倉庫に保管してあるなど）を事前に検討しておき（森冨＝東海林編著・前掲書を読んで準備しておく）、検証期日においては裁判所に任せるのではなく、申立人側の意見を積極的に述べるなどして、主体的に手続に参加していくことが重要である。

　検証期日においては、まずは検証物目録に沿って、①各項目に該当する資料が存在するか否か、②存在する場合には、文書の特定の観点から、具体的

にいかなる資料があるか、③その保管方法（紙、電磁的記録）について確認してもらい、その後、保管方法に応じて、検証を進めていくのがよい（検証対象物が多い場合は、事前に優先順位を裁判官に伝えておくのがよい）。

　たとえば、メールを検証対象としている場合には、相手方事務所内のパソコンの前まで移動し、まずは受送信メールを一覧表示した画面（メールの件名や日時を一覧表示した画面）をスクロールしながら写真撮影し、破棄等の防止措置を講じたうえで、メールを１通ずつ開かせて写真撮影していくのがよいと考えられる。また、データ（emlファイル等）で提供可能な場合には、持参したUSBメモリ等にコピーする方法で任意交付するよう交渉するのがよい。大量のPDFデータを検証する場合も、まずは当該データが保存されているフォルダを開かせて写真撮影し、その後に各ファイルについて順次検証を進めるのがよいと考えられる（このような方法で検証を進めた実例がある）。

　その他、検証期日の時間内に検証を終えることができないこともままあり、後日、相手方から申立人側に任意開示してもらうことも多い（任意に開示することを約束しながら、これを反故にした業者も存在する。この場合、再度証拠保全の申立てをしなければならなくなるため、続行期日扱いとし、資料の任意開示がなされた後に取り下げる形にしてもらうよう裁判所に相談・協議しておくのがよい）。

(2)　決済代行業者に対する責任追及

(A)　はじめに

　いわゆるサクラサイト被害において、サクラサイト運営業者はさまざまな決済手段を利用して被害者から金銭を収奪している実情にある。かかるサクラサイト被害において、まずは、被害者に対して直接欺罔行為を働いたサイト業者に対する責任追及を検討することになる。

　しかし、被害者が相談に来た時点では一定程度の時間が経過しており、サクラサイト運営業者自体の実体がすでに存在しない場合があるほか、近時は、

所在地を海外にしているサイト業者も存在するところであり、サイト業者自体への責任追及が困難と考えられる事案も散見される。

　また、サクラサイト運営業者自体の責任追及が可能である場合にも、かかる業者は収奪した金銭を隠匿してしまうおそれが高く、回収可能性の観点からも実効的な被害救済が妨げられてしまうおそれがある。

　以上の点を踏まえると、サクラサイト被害の事案を受任した場合には、サクラサイト運営業者自体の責任追及のみを検討するのではなく、サイト業者に対して決済手段を提供している者（決済代行業者、収納代行業者、電子マネー発行業者等。以下、便宜上「決済手段提供業者」という）に対する責任追及についても検討していくことが重要となる。昨今の決済手段の増加とともに、決済手段提供業者による決済手段提供の仕組みや態様が多様化している。たとえば、電子マネーにかかわる決済手段提供者には、電子マネーを発行する主体である電子マネー発行業者のほか、電子マネー発行業者とサイト事業者（加盟店）の間に入り、サイト事業者（加盟店）が電子マネー決済を利用できる仕組みを提供する電子マネー決済代行業者も存在する。事案ごとに決済手段提供の仕組みを分析することが重要である。

(B)　法律構成

　サクラサイト運営業者に対しては、詐欺であることを理由に不法行為責任を追及していくことになる。

　この点、決済手段提供業者によっても、サクラサイト運営業者と同視できるほどにまで密接な関係性がみられる事情があるのであれば、民法719条1項に基づく共同不法行為責任を追及していくことは検討すべきである。

　しかし、サクラサイト運営業者と決済手段提供業者との共謀の有無などの主張立証のハードルは高く、かかる主張のみでは裁判所に容易に請求を排斥されてしまうおそれもある。

　他方、サクラサイト運営業者が被害者から金銭を収奪するためには、必ず

何らかの決済手段が用いられている。架空のサクラとサイト上のみでやりと
りをするという性質もあり、たとえば、直接現金の交付を受けるという収奪
方法は考えがたい。そうすると、決済手段提供業者はサイト業者に対して必
要不可欠となる道具の提供をしている者と考えることができる。

　そこで、かかる決済手段提供業者がサクラサイト運営業者の詐欺行為を容
易にしている、すなわちサイト業者の詐欺行為を幇助しているとして民法
719条2項に基づく共同不法行為責任を追及していくことを検討していくこ
とになり、決済手段提供業者に対する各種裁判例においても主として同条項
に基づく責任追及が行われている。

　民法719条2項は、実行行為者を教唆ないし幇助した者を共同行為者とみ
なして、教唆を行った者や幇助をした者に対して同条1項の共同不法行為責
任を適用するとの規定である。この点、民法上は、不法行為について故意と
過失を区別していない。したがって、刑法上の幇助犯と異なり、民法719条
2項に基づき、過失によって幇助した場合にも不法行為責任の追及を行うこ
とが可能となる。

　したがって、かかる決済手段提供業者に対する責任追及を行う際には、故
意ないし過失の幇助責任を追及していくことになる。実際に、決済代行業者
（かつプラットフォーマー）に対しての故意の幇助による不法行為責任を認め
たさいたま地判令和5・7・12判例集未登載や、収納代行業者に対して過
失による幇助の不法行為責任を認めた広島地裁三次支判平成27・2・10判
例集未登載（控訴審・広島高判平成27・12・16判例集未登載）、大宮簡判令和4・
10・11判例集未登載（なお、同判決は「幇助」であるか民法719条1項前段の共同
不法行為であるかを明示していない）などの裁判例が存在する。

　　(C)　幇　助

　　　(a)　「幇助」とは

　故意であれ過失であれ幇助の不法行為責任の追及を行っていく場合、決済

手段提供業者がサクラサイト運営業者の詐欺行為を「幇助」していることについて論じる必要がある。

この点、東京高判平成26・4・21判例集未登載（ただし、口座提供者に関する事案）では、「幇助」について、「およそ違法行為の実行を容易ならしめる行為をいい、不法行為の実行を容易にすれば足りるから、ある者の行為が直接行為の実行を容易にしたという関係がある場合には、『幇助』に該当するのが相当である」とされている。

決済手段を利用することができなければ、サクラサイト運営業者が被害者から金銭を収奪することが困難になることは明らかであり、決済手段提供業者がサイト業者に決済手段を提供する行為は明らかに「幇助」に該当するといえる。

(b)　予想される反論

決済手段提供業者からは、数あるうちの1つの決済手段を提供しただけであり、自分たちが決済手段を提供していなくとも他者も当該サクラサイト運営業者に対して決済手段を提供していたのであるから不法行為を容易にさせていないとの反論がなされることは考えられる（因果関係についても同様の反論がなされることは考えられる）。

しかし、サクラサイト運営業者は、数ある決済手段を用いることで、そのうちの1つを止められてしまったとしても引き続き違法行為を継続することが可能となるのであり、その意味でサイト業者の不法行為を容易ならしめていることは明らかといえる。

また、サクラサイト運営業者がただ1つの決済手段のみを用いているということは考えがたく、その決済手段提供業者が決済手段を提供せずとも別の業者が提供していたであろうという反論が許されるのであれば、その決済手段提供業者には、仮に故意で不法行為に加担したとしても、およそ共同不法行為責任など認められなくなってしまうことになるため、結論としても不当

であることは明らかである。

(D)　故　意

　決済手段提供業者が故意によりサクラサイト運営業者の不法行為を幇助していたというためには、サイト業者が不法行為を行っていたことを認識していたことを主張立証することとなる。たとえば、詐欺的情報商材の決済代行業者（かつプラットフォーマー）の故意の幇助を認定した裁判例（前掲・さいたま地判令和5・7・12）では、決済代行を担当する商材が多いほど決済代行業者の利益になる関係にあること、商材の審査が誇大表現の掲載を阻止し得ない形骸的なものであったこと、決済代行業者が商材の購入を顧客に推奨していたこと、等を根拠に、詐欺的な商品・勧誘方法であることを十分認識していたとして決済代行業者の故意を認めている。

　なお、故意による幇助責任の追及を行う場合であっても、故意を基礎づける証拠の充実度や裁判官の心証に応じて、より容易に認定しうる過失による幇助責任の追及をあわせて行うべき場合もあると思われる。

(E)　過　失

(a)　過失の構成要素

　決済手段提供業者に対する責任追及で最も採用しやすいと思われる法律構成は過失による幇助責任であり、実際にこの法律構成を採用する裁判例も多い。

　この場合、わが国の不法行為法上は、決済手段提供業者に①サクラサイト運営業者が不法行為を行っていることについての予見可能性があり、②結果回避をすることができたにもかかわらず、③結果回避措置を講じなかった場合に、過失があったと判断されることになろう。

(b)　注意義務

　上記の過失の構造からすれば、自身の提供する決済手段が詐欺行為等の違法行為に利用されることについての予見可能性があり、その結果について回

避可能性があるといえるのであれば、当該決済手段提供業者に対する注意義務が認められるといえる。

　そして、かかる注意義務については、契約締結時に負うべきものか契約締結後に負うべきものかにより、大きく2つに区別できると考えられる。

　たとえば、契約締結時であれば、契約時に契約の相手方となるサクラサイト運営業者が違法行為を行わないか確認、調査等を行うべき注意義務を設定し、契約締結後であれば、契約相手となっているサイト業者が違法行為を行っていると予見し得た場合に調査をすべき義務、契約を解除すべき義務、などと注意義務を設定していくことになる。

　どのような注意義務を設定していくかについては、問題となっている事案の被害時期や社会情勢、当該決済手段提供業者の予見し得た事情等に応じて考えていくことになろう。

　では、決済手段提供業者に対する責任追及を行っていく際に、その業者の注意義務をどのように導き出していくのか。この点、決済手段提供業者に適用される法令、ガイドライン、自主規制等が存在する場合には、かかる法令等から、その決済手段提供業者の注意義務を導き出すことができないかをまず検討すべきである。

　実際に、決済手段提供業者に適用される法令等を踏まえて、その決済手段提供業者に注意義務が存在することを導き出している裁判例も存在しているため、当該決済手段提供業者に適用される法令等の有無の確認は重要といえる。

　たとえば、クレジット決済代行業者は、現行（平成28年改正後）割賦販売法の「クレジットカード番号等取扱契約締結事業者」に該当する場合、登録義務（同法35条の17の2）、加盟店調査義務（同法35条の17の8）等の規制が課される。加盟店調査義務が不法行為上の注意義務になるという主張のほか、上記登録義務に違反している場合には、無登録営業自体が違法であるといった

主張もありうる。また、登録義務を履践している決済代行業者が多数存在する中、あえて登録義務を履践しないような決済代行業者に決済の代行を依頼するような加盟店は、適切に加盟店管理を行う決済代行業者とは契約できないような加盟店であり、詐欺的商法を実行しマネーロンダリングを目論む加盟店であることが推認され、このような意味で無登録決済代行業者の予見可能性を基礎づけるという主張もありうる。

　また、電子マネー発行業者の場合、資金決済法、金融庁の事務ガイドライン、自主規制等に以下のような規定が存在する。

　①　資金決済法　　前払式支払手段の発行者（電子マネー発行業者はこれに含まれる）として登録申請をする者が、前払式支払手段により給付を受けることができる物品等が、公序良俗を害するおそれがあるものでないことを確保するための必要な措置を講じていない場合を登録拒否の要件としている（同法10条1項3号参照）。

　②　金融庁の事務ガイドライン　　前払式支払手段の発行者が、加盟店契約時に加盟店が利用者に対して販売等をする物品等の内容について確認するほか、加盟店契約締結後も加盟店からの報告を義務づけるなどして、問題があることが判明した場合には速やかに契約を解除できるようにすべきとしている（同ガイドライン第三分冊：金融会社関係「5.前払式支払手段発行者関係」Ⅱ－3－3－1参照）。

　③　一般社団法人日本資金決済業協会の自主規制規則および協会ガイドライン　　前払式支払手段の不適切な使用を防止する措置として、新規に加盟店契約を締結する場合には、前払式支払手段の使用に係る物品等について申告を受ける方法、加盟店契約締結後は、加盟店の提供する物品等が著しく変更された場合等に報告させる方法をとるよう求めている。

　以上の法令等の規制から、電子マネー発行業者に対しては、法令等に則った確認や対応をすべきであるとする注意義務を設定することが考えられる。

　もっとも、上記の法令はあくまで公法上の規制であり、自主規制規則や協会ガイドラインについてもあくまで自主的な規制にすぎないため、直ちに私法上も注意義務を発生させるものではない点には注意をすべきである。

　さらに、（平成28年割賦販売法改正前のクレジットカード決済代行業者を含む）決済代行業者や収納代行業者については、電子マネー発行業者と異なり、直接適用することが可能な法令が存在しないようにも思われる。これらの業者に対しては、資金決済法などその他の法令の類推適用や法の趣旨から注意義務を導くという主張も考えられなくはないが、現状の裁判例の動向を踏まえれば、直接の適用対象ではない法令の主張のみに依拠すべきではない。

　そもそも、詐欺が犯罪行為として刑罰の対象となっている以上（刑法246条）、詐欺行為に加担してはならないという注意義務は当然に誰しもが負うべき注意義務である。したがって、仮に、直接適用される法律がなくとも、自身の提供する決済手段が詐欺等の違法行為に利用される（されている）ことについての予見可能性があり、結果回避可能性があるのであれば、その決済手段提供業者に注意義務が認められるべきといえる（もっとも、後述のとおり、この種の訴訟において結果回避可能性はあまり争点とはならないため、結果的に予見可能性が最も重要な争点となってくる）。

　たとえば、広島地裁三次支判平成27・2・10判例集未登載（および控訴審である広島高判平成27・12・16判例集未登載）では、サイト業者が違法なサイト運営を行っていることを収納代行業者が認識し得たとして、法令等の有無にかかわらず、当該業者に加盟店管理義務があると判断されている。大宮簡判令和4・10・11判例集未登載も同様の加盟店管理義務を前提に不法行為責任を認めていると思われる。

　　　(c)　予見可能性

(ア)　主たる争点となる要素

　決済手段提供業者に過失があったというためには、その業者に予見可能性

があったことが必要となる。そして、決済手段提供業者に対する責任追及を行っていく場合、後述のとおり、結果回避可能性については問題になると思われる点がほぼないことから、予見可能性の有無が主たる争点となる。

そのため、行為時に、その決済手段提供業者に予見可能性があったか否か、すなわち、自分がサクラサイト運営業者に提供した決済手段が違法行為に利用されてしまう（しまっている）ことを予見し得たか否かが、決済手段提供業者に過失の幇助責任が認められるか否かの分水嶺になる。

(イ)　予見可能性を根拠づける事実の主張立証をしていく

一般的に過失は規範的要素とされており、主張立証責任の対象となるのは、過失それ自体ではなく、過失があったことを根拠づける具体的な事実である。したがって、予見可能性の主張立証を行う際には、決済手段提供業者に予見可能性があったことを根拠づける事情が存在していたことの主張立証を尽くしていくことが重要となる。

実際に、各種裁判例においても、一般的には、決済手段提供業者がサクラサイト運営業者の違法行為を認識し得た場合には不法行為責任が生ずるとの規範が定立されながらも、あてはめにおいて、問題となっている決済手段提供業者についてはサイト業者の違法行為を認識し得たとまで認められないとして不法行為責任を否定するものが存在している。そのため、その問題となっている決済手段提供業者自体に予見可能性があったといえるまでの事情を積み重ねていくことが重要となる。

以下は、決済手段提供業者に予見可能性があったことを根拠づける事実として考えられるものであるが、これらの事実は時期（当時はその法律が存在していなかった、サクラサイト被害についての報道はなされていなかった、等）や業者ごとで予見し得た事実が異なってくるため、主張立証のうえで注意を要する。

(ウ)　予見可能性を根拠づける事実の例

　(あ)　法令、ガイドライン、自主規制等

　法令等の規定から直接注意義務を導出しうることについては前記のとおりである。

　他方、仮に、当該決済手段提供業者に対して法令等により課されている義務があくまで公法上の義務であったり自主規制にすぎず、直ちに民法上の義務を構成しないとしても、当該法令等が存在すること、そして、これらの法令や自主規制による規制がなされているという事実は、決済手段提供業者が、自身の提供する決済手段が違法行為に利用されてしまうことについて予見することができたということを示す根拠として主張しうる。

　(い)　国民生活センターによる注意喚起

　独立行政法人国民生活センターは、サクラサイト被害に関して、平成20年6月5日時点からすでに注意喚起の報道発表を行っており、その後も、平成22年9月1日、平成23年12月1日、平成24年4月19日、同年7月26日と注意喚起の報道発表を繰り返している。

　これらの発表が繰り返されていることから、すでにサクラサイト被害が公知の事実にまでなっていたといえ（そうである以上、決済手段提供業者もそのことはもちろん知っていたといえる）、決済手段提供業者に自分の提供する決済手段がサクラサイト被害に利用されることの予見可能性があったことを導き出す1つの事情になるといえる。

　(う)　テレビ・新聞等の各種報道

　国民生活センターの注意喚起と同様に、テレビ・新聞等の各種報道がなされていることを踏まえ、サクラサイト被害がもはや公知の事実にまでなっているといえるとして、これをもって決済手段提供業者に予見可能性があったことを主張していくことが考えられる。

　たとえば、平成22年1月26日付けの読売新聞では、「出会い系　相手はサクラ」などといった見出しによる記事を掲載しており、すでにこの時点では

III 民事訴訟

サクラサイト被害が社会問題化していたといいうる。

　(え)　サクラサイト運営業者の不法行為責任を認めた裁判例

　サクラサイト運営業者の不法行為責任を認めた裁判例としては、さいたま地判平成23・8・8消費者法ニュース89号231頁や東京高判平成25・6・19判時2206号83頁が存在する。

　自身の加盟店となりうる可能性があるサクラサイト運営業者に対して不法行為責任が認められた裁判例の存在は、当然、決済手段提供業者としても関心の高い事項であるといえ、これらの裁判例の存在を認識していたのであるから、自身の提供している決済手段が違法行為に利用される可能性があることについて予見可能であったといいうる。

　(お)　PIO–NET情報

　国民生活センターに対して弁護士会照会を行うことで、全国の消費生活センターに寄せられた情報（PIO–NET情報）を得ることができる。

　その決済手段提供業者名単体でどれだけの情報が寄せられているか、どのような内容の相談が寄せられているかを把握できるほか、決済手段提供業者とサクラサイト運営業者の両名を含む相談数等についても情報を得ることができる。

　(か)　決済手段提供業者と加盟店間の契約書

　決済手段提供業者と加盟店間の契約書は、その決済手段提供業者に具体的な予見可能性があったことを示しうる重要な資料であり、積極的に求釈明や文書提出命令等を活用していくことを検討すべきである。

　これらの契約書には、決済手段提供業者が加盟店に対して調査を行うことができる旨の条項や、違法行為に利用されたことを契約の解除事由としている条項などが存在する可能性がある。

　このような条項が存在する契約を取り交わしている場合、そのような条項を設ける必要性があると考えていたとして、その決済手段提供業者に予見可

能性があったことを示す事情として主張することができる。

　(き)　決済手段提供業者内の内部資料等

　前記(か)と同様に、決済手段提供業者に具体的な予見可能性があったことを示しうる重要な資料である。

　これらの決済手段提供業者は、消費生活センターや被害者自身から寄せられた苦情に対応しており、これらの苦情に対する経過や顛末をまとめた書面が内部に存在している場合がある。

　こういった書面中で、問題となっているサイトについて多数の苦情が寄せられていることが判明した場合、苦情に対して金銭の返還に応じていた場合、苦情処理担当者が明らかにサクラサイトであることを認識した記載をしていたような場合があるのであれば、その決済手段提供業者に予見可能性があったといいうる。

　(く)　決済代行業者とアクワイアラー等との間の契約書

　決済代行業者とアクワイアラー等との間の契約書において、決済代行業者が加盟店を管理する義務を負うとされている場合などは、決済代行業者の予見可能性（予見義務）を基礎づける事情となるため、重要な資料となる。

　特に、クレジットカード決済代行業者の場合には、現行（平成28年改正後）割賦販売法の「クレジットカード番号等取扱契約締結事業者」に該当し同法上の加盟店調査義務を負うことを主張立証するにあたり、決済代行業者に加盟店契約の実質的な承認権限が与えられていることを明らかにするために、決済代行業者とアクワイアラー等との間の契約書は必要不可欠な資料となる。

　(け)　サクラサイト運営業者（加盟店）の実態に関する情報

　決済手段提供業者の加盟店契約の相手方であるサクラサイト運営業者の実態に関する情報も重要な事実である。

　サクラサイト運営業者（加盟店）の取引はインターネットによりデジタルコンテンツを販売する体裁をとるものがほとんどであり、特定商取引法の「通

信販売」に該当するため、サイト上において、サイト運営者の名称に加えて住所や代表者等の情報（同法11条1項6号、同法施行規則8条1号・2号）を表示しなければならず、これに違反した場合には罰則も課されている（同法70条2号、15条、15条の2）。また、決済手段提供業者とサクラサイト運営業者（加盟店）との間の契約にも、特定商取引法を含めた適用法令の遵守、契約違反の場合の制裁（取引停止や解除等）が定められていることもある。

　サクラサイト運営業者において、上記表示義務が履践されていなかったり、決済手段提供業者が契約締結時に徴求した資料とサイト上の表示が食い違っていたりした場合、特定商取引法や決済代行契約に違反して事業者の情報を正しく表示せず身元を隠匿するものであり、違法行為を行っている疑いを基礎づける事情となる。

　さらに、サクラサイト運営業者の表示する名称や所在地が海外業者である場合、外国会社の日本国内における登記義務（会社法818条1項）の履践状況も重要な事実である。外国会社であり日本の顧客を対象に集団的・継続的に取引を行うことを前提にしているにもかかわらず、上記登記義務という基本的な義務すら履践していない事業者は、その営業活動自体が違法であり、当該外国会社の実態も不明確といわざるを得ないため、決済手段提供業者において、取引の相手方が外国会社であるにもかかわらず会社法上の登記義務を履践していないという事情は、自らが提供した決済手段が違法行為に利用されてしまう（しまっている）との疑いを抱くべき事情となる。

　上記のような事情を明らかにするため、決済手段提供業者が契約締結や更新の際にサクラサイト運営業者から徴した資料を開示させることが有益である。決済手段提供業者が提出した資料を精査することで、たとえば外国会社の場合に設立国の法令に整合しない点があり成立の真正に疑義が生じたり、改ざんが判明する場合もありうる。

　(ｃ)　決済手段提供業者による審査の体制等

103

　決済手段提供業者がサクラサイト運営業者との契約の際に行っていた審査の体制を細かく追及していくことで、審査が形骸化していたと評価できる場合には、故意を基礎づけるのみならず、サクラサイト運営業者の認識可能性を基礎づけることができる。

　㈹　決済手段提供業者による販売推進等の事実

　決済手段提供業者自身がサクラサイト運営業者の利用者募集を推進する行為を行っていたような場合には、自らの利益のために、詐欺的な商品ないし役務であると認識し、または認識し得たにもかかわらず販売活動に積極的にかかわっていたことを推認させる事実となる。

　㈺　小　　括

　以上に掲載した事情は、いずれも予見可能性を基礎づける事情となりうるものであるが、個別事案における主張の軸となる事情はさまざまである。アクワイアラー等と決済手段提供業者との契約書に加盟店管理義務や特定商取引法等の法律遵守義務が定められているかどうかを確認することも重要である。

　　㈔　結果回避の可能性

　決済手段提供業者に対して過失が認められる場合、決済手段提供業者は、サクラサイト運営業者との契約締結前であれば契約を締結しないことで結果回避が可能である。

　他方、契約締結後であれば、サクラサイト運営業者に対する調査を行ったり、契約を解除することにより結果回避が可能となる。これらについては、決済手段提供業者がサイト業者と契約を締結する際に、調査を行うことができる条項や契約の解除をすることができるとされるのであれば容易に主張立証することができる。

　そのため、結果回避可能性を論じる際には、これらの点について指摘していくことになる。

(F)　主張立証の工夫

(a)　決済手段提供業者の役割を裁判所に把握してもらうこと

　決済手段提供業者は、直接詐欺行為を働くサクラサイト運営業者自体ではないうえ、比較的規模の大きい業者も多いことから、決済手段提供業者が客観的に果たしている役割を裁判所に正確に把握してもらうことで、裁判所の価値判断として責任を認める方向になる可能性がある。

　したがって、たとえば決済代行業者であれば、決済代行業者が存在することによって、本来であれば信販会社等が加盟店としなかったような悪質な業者まで加盟店となることができ、悪質な加盟店の取引の決済を代行することで決済代行業者が利益を収受している実態について主張立証をしていく必要がある。

(b)　求釈明や文書提出命令等の活用

　決済手段提供業者の故意ないし予見可能性を最も裏づける資料は、前述の業者自身が有する契約書や内部資料である。そのため、まずは、当該業者に対して積極的に求釈明を行っていき、決済手段提供業者の予見可能性を裏づける資料を収集すべきであろう。クレジットカード決済代行業者については、現行（平成28年改正後）割賦販売法の「クレジットカード番号等取扱契約締結事業者」に該当するか否かを判断する重要な資料にもなる。

　他方、求釈明では十分な資料開示が望めない場合もあり、実際にそのようなケースも多く存在するため、その場合には、さらに文書提出命令や証拠保全等の手続についても検討をしていくべきである。

(c)　尋　問

　尋問においては、主として予見可能性をうかがわせる事情を丁寧に聞いていく必要がある。

　たとえば、社会情勢についてであれば、被害当時、国民生活センターの報道発表を認識していたか、サクラサイト被害に関する判決が示されたことを

認識していたか、等について聞いていくべきである。

　また、相手としている決済手段提供業者の個別具体的な事情であれば、問題となっているサクラサイト運営業者との契約内容や条件、契約の際の審査の方法および具体的な審査の内容、サクラサイト運営業者の情報に不合理な点がある場合には当該情報に対する認識や調査確認の有無、そのサイト業者に関する苦情処理の有無や苦情数、顛末等について聞いていくことになるであろう。

　また、前述のとおり、決済手段提供業者からの十分な資料の提供が望めない場合も存在することから、これらの資料の存在の有無について尋問において確認をして、存在するとの証言を得られた場合には、あらためて求釈明や文書提出命令等を活用して、資料を開示させる方向に導いていくことも重要である。

Ⅳ　刑事関係の手続とその手続を利用した証拠収集方法

1　はじめに

　サクラサイト被害の救済のためには、刑事関係の手続を利用することも有用である。そこで、本項では、刑事関係の手続とその手続を利用した証拠収集方法について、述べる。

2　インターネット異性紹介事業者台帳の謄写手続を利用する

　出会い系サイトを利用した児童買春などを防ぐために、出会い系サイト事業者に対する規制が厳しくされて、国内の出会い系サイト事業者は、事務所

所在地を管轄する公安委員会への届出が必要となる（インターネット異性紹介事業を利用して児童を誘引する行為の規制等に関する法律施行規則１条）。届出後に、届出内容に変更がある場合にもその届出が必要となる。

　届出に際しては、下記のような必要書類を添付することになる。たとえば、サクラサイト運営業者が個人である場合は、事業開始届出書のほかに、本籍を記載した住民票の写しを添付するよう求められる。法人事業者の場合は、定款や登記事項証明書に加えて、役員の本籍記載の住民票の写しを添えなければならない。

　こうして作成されたインターネット異性紹介事業者台帳には、サクラサイト運営業者の氏名ないし法人名称や、設立年月日、所在地や代表者の氏名、電話番号などが記載されている。また、運営業者の運営するサイトの名前やサイトの送信元を表す電子メールアドレス、加えて役員の氏名や住所、当該事業者が運営しているサイト名称が、記入されている。

　こうした事業者台帳記載の情報について、警察庁ないし警視庁に対する情報公開請求によって、閲覧謄写をすることが考えられる。弁護士会照会手続で入手することも可能だが、情報公開請求によるほうが安くて済む。

3　同種余罪被害者として、公判中の刑事記録の閲覧謄写手続をする

　近年、サクラサイト運営業者が詐欺で立件されることも出てきた。このように刑事裁判になっている事件については、直接の被害者ではないとしても、同一事業者が運営していた別サイトや、同一グループの別法人が運営していた別サイトの被害者であれば、刑事裁判を受けている被告人のした同種余罪の被害者であると考えられる。そこで、民事訴訟を提起するための相手方の特定や証拠収集のために、その被告人氏名や事件名および事件番号が判明している場合は、公判中であれば、その刑事記録の閲覧・謄写手続を行うこと

が考えられる（根拠は、犯罪被害者等の権利利益の保護を図るための刑事手続に付随する措置に関する法律4条）。

　この手続は、公判を担当する検察官を通じて、「同種余罪の被害者等による公判記録の閲覧・謄写の申出書」を刑事裁判を担当する裁判所に提出することから始まる。この申出書の書式中に、「本人が同種余罪の被害者である事実」を記載する欄が設けられているが、刑事手続になっている事件と同じ被告人等による同種の犯罪行為による被害者であることを疎明する必要があるため、別紙などで、できるだけ詳細に事情を説明することがよいだろう。なお、疎明資料の添付も必要となる。

　この手続で、裁判所が許可した範囲で、刑事記録の閲覧・謄写が許される。なお、犯罪被害者本人が記録を閲覧・謄写するための手続（同法3条）に比べ、この同種余罪被害者が行う閲覧・謄写手続は知名度が低く、手続自体に慣れていない担当者もいることが考えられるので、事前に担当検察官や担当刑事部に、同種余罪被害者としての閲覧・謄写の手続を行う旨の連絡を入れて、そのついでに、余罪被害であることの説明を行うことも考えられる。

　なお、閲覧・謄写が許可された場合には、入手した記録を閲覧・謄写目的（その大半は、民事訴訟等における損害賠償請求であろう）外の使用をしない旨の誓約書を、提出させられることが多い。

4　公判後に、同種余罪被害者として判決等の刑事記録を入手する

　前記3の手続は、被告人の公判係属中に許される手続である。これが、刑事裁判が終了して事件が確定してしまった場合に、判決文等を入手するための手続として利用が考えられるのが、刑事確定訴訟記録法に基づく閲覧・謄写である。法文では閲覧と規定されているが、検察庁の記録事務規定により、検察官の裁量での謄写が可能とされている。

この手続を行う際は、記録が保管されている検察庁の記録担当者に連絡をして、閲覧申請を行うことになるが、その際に、閲覧申請を行う必要性や目的を説明した書面と疎明資料を提出して、手続を進めることをお勧めする。

Ⅴ　関連裁判例

1　サクラサイト運営業者に対する裁判例

⑴　民　事

サクラサイト運営業者に対しては、サイト内でのやりとりの不自然さ・不合理さ、サイト内でやりとりをすることによる利益状況、などから、その違法性を認定する裁判例が多数出されている（なお、裁判例の詳細については、サクラサイト被害全国連絡協議会ウェブサイト（〈https://sakurahigai.kyogikai.org/〉）に掲載されているので参照されたい）。

① 　さいたま地裁越谷支判平成23・8・8消費者法ニュース89号231頁　　メールその他の証拠が残っていなかった事案であるが、弁護士会照会によって得た独立行政法人国民生活センターに寄せられた当該サイトの苦情・相談の件数や内容、サイト内でメールをすればするほど双方がポイントを費消するシステムであるにもかかわらずサイト内でメールのやりとりを継続するようにメールの相手方が仕向けていた事実などから、サイトにおけるサクラを利用した詐欺行為を認定し、原告による損害賠償請求を認容した。

② 　東京高判平成25・6・19判時2206号83頁　　サイト内でやりとりした相手方からのメールの内容が不自然であり得ない内容であることやそのいずれもが実現していないことから、メールの各相手方の指示に合理性は見出しがたく、その目的が利用料金名目に多額の金員を支払わせ

109

ることを目的としていると認定し、高額な利用料金を支払わせることによって利益を得るのはサクラサイト運営業者以外にはないことから、サイト業者の詐欺行為を認定し、原告による損害賠償請求を認容した。

　同様に、利益状況に着目してサクラサイト運営業者の詐欺行為を認定した裁判例として、さいたま地判平成25・8・27判例集未登載がある。

③　さいたま地裁川越支判平成26・10・30判例集未登載　　サクラサイトの運営業者が代わっており、承継が争われた事案で、実質的には同一法人である疑いが強いことや、仮に別法人であっても本件サイトを利用した詐欺行為を行うにあたっては密接不可分の関係にあったと推認することができる、などとして承継を認め、承継会社に対しても取引期間の全責任を認めた。

④　静岡地判平成26・10・23判例集未登載　　サイトの詐欺行為が認められ、慰謝料請求についても認容された。

⑤　広島地判平成24・6・27判例集未登載　　サクラサイト運営業者側から依頼者に直接送付されたメールの内容を根拠として、サイトにおける詐欺行為を認定した。

⑥　名古屋地判平成26・3・4判例集未登載　　サイト画面自体は保存されていない事案において、その後に送信されてきたメールの内容や国民生活センターに対する弁護士会照会結果などから、原告の供述の信用性を認め、サイトの詐欺行為を認定し、原告の損害賠償請求を認容した。

　なお、この裁判においては、代表者の本人尋問の結果などから、広告費と称して多額の金員が別の事業者に流れていたことが確認された。

⑦　宮崎地裁延岡支判平成26・10・20判例集未登載　　別人格の2つのサクラサイト運営業者・各代表者・各口座提供者について、送達先が同一であったことや同系列のサイト業者であるとの情報があることなどの事実から、損害のすべてについて連帯責任を認めた。

⑧ さいたま地判平成29・3・22判例集未登載　サクラサイトの運営業者が代わっており、承継が争われた事案で、承継前後の事業者・口座提供者について、役割分担をしてサクラサイトを運営したり利用料金振込口座を管理したりするなどして、サクラサイトによる詐欺を行ったと認定し、全員について損害のすべてについて連帯責任を認めた。なお、承継後の事業者については、サクラサイト運営の一環としてタイミングを見計らってサクラサイトの表向きのサイト業者を変更することを目論んで設立された会社であると認定した。この判旨は、控訴審（東京高判平成29・9・27）でも維持された。

⑨ 大阪地判平成29・10・5判例集未登載　長期間にわたる被害の事案で、関与したサクラサイト運営業者が複数いたこと、利用金額等が争われたこと、という特徴がある事案であったが、サイト業者が保有している利用者のポイント購入履歴について文書提出命令が認められた。また、サクラサイト運営業者が複数おり、その関与時期や程度が争いとなったが、サイト運営業者の関与時期・程度を考慮して、サイト運営業者らに共同不法行為責任が認められた。原告が、長期間、当該サクラサイトで騙されていたことをもって、高額の慰謝料が認められた点で、画期的な判決である。

(2)　刑　事

サクラサイトの関連事業者（サイト運営業者や関連業者）や関係者に対する刑事裁判について、以下に紹介する。なお、従前の出会い系サイトにおいて問題となり、出会い系サイト規制法制定の契機ともなった、サイト利用者同士が出会えるがゆえに発生した刑事事件については、本稿では省く。

(A)　詐欺罪が問われた事例

(a)　平成22年刑(わ)第418号、第728号事件

出会い系サイトを運営していた被告人が、あらかじめ一般会員同士のメー

ルのやりとりなどができないシステム設定にしておきながら、サイト上で異性会員とのメールの送受信ができるようにするなどの役務提供を受けられるかのように装い、被害者を誤信させて、架空の女性会員になりすましてメールを送り付けてサイトを利用させて、利用料金名目で金銭を詐取したとして、サイト運営会社の代表者を詐欺罪で有罪とした事例である。

　(b)　KING事件

　出会い系サイトを運営していた大手の業者「KING」の経営者とそのアルバイト従業員らが、組織犯罪処罰法（詐欺罪）違反で東京地方裁判所および東京高等裁判所で裁かれ、有罪判決を言い渡された（平成24年（合わ）第27号・同第52号ほか）。言い渡された刑罰は、実質的経営者が懲役12年の実刑、代表取締役であった者が懲役10年の実刑に加えて、アルバイト従業員にも実刑が言い渡される等、サクラサイト商法の深刻な被害実態を反映した極めて重い内容であった。

　(c)　アグライアジャパン事件

　平成25年10月には、「アグライアジャパン」というサクラサイト運営業者が、アイドルになりすまして、約2100名から２億1000万円を騙し取ったとして、組織犯罪処罰法違反容疑で、千葉県警に逮捕された。その後、千葉地方裁判所は、代表取締役に懲役４年の実刑判決を宣告した。判決では、量刑理由として、被害者の心理に付け込んだ卑劣な犯行であることや、容易に発覚しない巧妙な手口であること等の、サクラサイト商法の悪質性を指摘している。

　(d)　ウイングネット事件

　平成25年には、AKB48のメンバーやジャニーズ事務所のタレント等を騙るサクラや、多額の金銭供与を持ちかけるサクラがはびこる多数のサクラサイトをダミー会社に運営させて、数年間で約117億円もの被害を全国で発生させた、出会い系サイトの大手グループであった、株式会社ウイングネットの経営者および幹部とサクラ役のアルバイト従業員らが逮捕、起訴されて有

アンケートご協力のお願い

回答はこちらから

FAX　QRコードもしくはFAXにてご回答ください。　03-5798-7258

| 購入した書籍名 | サクラサイト被害救済の実務[第2版] |

● 弊社のホームページをご覧になったことはありますか。
　・よく見る　　・ときどき見る　　・ほとんど見ない　　・見たことがない

● 本書をどのようにご購入されましたか。
　・書店（書店名　　　　　　　　　）　・直接弊社から　・ネット書店（書店名　　　　　　　　）
　・Amazon　・その他（　　　　　　　　　　　　　　　　）
　・贈呈

● 本書の満足度をお聞かせください。
　（　・非常に良い　・良い　・普通　・悪い　・非常に悪い　）

● 上記のように評価された理由をご自由にお書きください。

● 本書を友人・知人に薦める可能性がどのくらいありますか？
　（　・ぜひ薦めたい　・薦めたい　・普通　・薦めない　）

● 上記のように評価された理由をご自由にお書きください。

● 本書に対するご意見や、出版してほしい企画等をお聞かせください。

■ ご協力ありがとうございました。

住　所　（〒　　　　－　　　　　）

フリガナ
氏　名
（担当者名）　　　　　　　　　　　　　　　TEL.（　　　）　　　　　－　　　　内（　　　）
　　　　　　　　　　　　　　　　　　　　　　FAX.（　　　）　　　　　－

Email：

お得な情報が満載のメルマガ（新刊案内）をご希望の方はこちらに記入、もしくは表面のQRコードにアクセスしてください。
（メルマガ希望の方のみ）

注文申込書

ご注文はFAXまたはホームページにて受付けております
FAX 03-5798-7258
http://www.minjiho.com/

本申込書で送料無料になります
※弊社へ直接お申込みの場合にのみ有効です。
本申込書書籍の送付および書籍等のご案内のみに利用いたします。

年6回刊・定価 9,600円（本体 8,727円＋税10%・送料込）

お申込日
令和　　　年　　　月　　　日

　　　　　　　　　　　　　　　　　　　冊

号から申込

申込者名

罪判決を受けた（執行猶予付きの1名を除き、実刑判決）。

　グループの手口としては、自分から出会い系サイトに登録をして被害に遭った自主登録型と呼ばれる被害者以外に、FacebookやmixiなどのSNS経由で、知り合いや芸能人を装った相手から、悩み相談や恋愛話を持ちかけられた被害者が、詐欺に遭っているという自覚なしに出会い系サイトに誘導されて、会員登録も経ないままで、有料のメール交換を行わされ続けたという誘導型の被害者が存在することが明らかにされた。この、占いサイトや懸賞サイト、時にアルバイト情報サイトといった出会い系サイトとは無関係なサイトから、被害者が自覚なしに出会い系サイトに誘導される手口については、サイト運営業者に加担して、被害者をサイトに誘導することで利益を稼ぐ、「広告事業者」の存在が浮き彫りにされた。

　東京地方裁判所は、平成25年12月25日に、ウイングネットが組織的にサクラを利用し、多数の会員に対して利用料金名下に多額の金員を支払わせたという組織的詐欺行為を認定し、起訴されたアルバイト従業員4名については、全員を、組織犯罪処罰法で有罪とし、うち3名に実刑判決を下している（平成25年刑(わ)第1349号等）。また、社員や幹部および社長に対する判決でも、ウイングネットの違法な活動に関与したとして実刑有罪判決が下された。

　　(e)　フェニックス事件

　平成27年3月25日、東京の高田馬場にある出会い系サイトの事務所が捜索されて、メールオペレーターを含む34人が逮捕され、そのうち11人が組織犯罪処罰法（詐欺罪）で起訴された事件である。運営事業者フェニックスに関しては、後に、経理担当者なども逮捕、起訴された。

　主な手口は、「財産を譲ります」とのSPAMメールで出会い系サイトに誘導された被害者に対し、「九条麗子」や「北大路彩華」と称する資産家の女が、多額の現金提供を持ちかけるメールを送り付けて、その指示に従ってやりとりを続ければ資金提供が受けられると被害者を誤信させ、ひたすら有料の

メール送受信をさせ、ビットキャッシュなどの電子マネーでサイトに振込を
させた、サクラサイト商法であった。

　　　(f)　フリーワールド事件

　平成28年9月には、前記(d)で紹介したウイングネットの親会社とされ、
またウイングネットに被害者を誘導する役割を果たし、広告費名目で多額の
利益を享受していた株式会社フリーワールドの幹部が、詐欺罪により逮捕・
起訴された。翌年には、海外に出国していた同社代表に対して、外務大臣が
旅券返納命令を通知し、帰国した同社代表は、組織犯罪処罰法（詐欺罪）の
容疑で逮捕・起訴されている（東京地方裁判所平成29年（合わ）4号ほか）。

　　(B)　その他の刑事手続を課された事例

　　　(a)　所得税法違反ほか

　平成26年、自己破産前に運営していた出会い系サイトの売上金約2億
3700万円を隠したとして、破産法違反（詐欺破産）などに問われた元会社代
表者に対し、東京地方裁判所は、懲役4年、罰金8000万円（求刑・懲役5年、
罰金1億円）の判決を言い渡した。判決では「多額の財産を隠して、債権者
の債権回収を不能にした結果は重大だ」と指摘している。同人は、平成21年
に東京地方裁判所で破産手続開始決定を受けるまで約2年間、運営する出会
い系サイトの売上金をダミー会社の口座に入金させ、財産を隠匿し、平成
21年〜平成23年の3年分の所得も同様に隠し、所得税計2億7600万円を脱
税した。

　　　(b)　迷惑メール防止法違反

　迷惑メール防止法違反容疑で初めて逮捕者が出たのは、平成18年である。
架空または他人名義のアドレスを利用して、出会い系サイトを宣伝するメー
ルを不特定多数に送信した容疑で、東京・池袋の情報提供サービス会社に勤
務していた会社員が逮捕された。

　その後も、平成23年に、出会い系サイトに勧誘するメールを送信したと

いう迷惑メール防止法違反の容疑で、サイト運営会社ユニバーサルフリークスの代表取締役と従業員ら７名が逮捕された。

平成26年９月には、出会い系サイト運営業者が、迷惑メールに関して書類送検されてもいる。この業者は、迷惑メールを、総務省から措置命令を受けた後も懲りずに送り続けたため、迷惑メール防止法違反容疑で、法人が書類送検され、その代表取締役も逮捕された。

(c)　アドレス販売業者の刑事事件ほか

サクラサイトの運営業者が、商売を始める際に必ず利用するのが、出会い系サイトのシステムを提供するシステム会社と、メールアドレスを販売するアドレス販売業者である。

アドレス販売業者が、初めて逮捕されたといわれるのが、平成23年に書類送検された、埼玉県戸田市のインターネット関連会社のケースである。同社は、迷惑メールを送信する目的を知りながら、出会い系サイトの運営会社にメールアドレス情報を販売したという容疑で、社長と従業員が、承諾をしていない者に対する電子メール広告の提供の禁止等を定める、特定商取引法違反（同法12条の３）の幇助容疑で書類送検された。報道によると、この会社は懸賞サイトの作成業務も担当していたため、こうしたサイトの登録者のメールアドレスを収集していたといわれる。

平成26年10月にも、出会い系サイト業者にメールアドレスを販売して、迷惑メールを送信する手助けをしたという特定商取引法違反の幇助容疑で、東京都豊島区の名簿販売会社と、その代表取締役および同社の従業員が書類送検された。アドレス入手の手口としては、偽の求人サイトを作成し、出会い系サイト業者などに、約10億件ものメールアドレスを販売して、１億円以上を売り上げていた。

115

2　決済代行業者に関するもの

⑴　電子マネー業者・決済代行業者に対する裁判例の概観

　サクラサイト運営業者の決済を代行する業者、電子マネーなどの決済手段を提供した業者に対する裁判例について紹介をしていく。

　これまでに、クレジットカードの決済代行業者、収納代行業者、電子マネー業者、口座提供型収納代行業者（以下、便宜上「決済手段提供業者」という）に対し、不法行為責任の追及を行った裁判が多数提起されている。各裁判における消費者側の主張については、細かな差異はあるものの、大きくまとめると決済手段提供業者がサクラサイト運営業者の詐欺行為を故意・過失により幇助したという構成が主となっている（なお、決済手段提供業者の責任追及のための主張立証の工夫等については、前記Ⅲ4⑵参照）。

　もっとも、決済手段提供業者の過失をどのように構成し、主張するかについては、さまざまなバリエーションが存在する。

　これまでに決済手段提供業者に対する主な判決としては、以下のものがある。

① 　静岡地裁浜松支判平成26・7・28判例集未登載、東京高判平成26・11・11判例集未登載（対クレジットカードの決済代行業者。消費者側敗訴）

② 　大阪地判平成27・4・14判例集未登載（対クレジットカード会社およびクレジットカード会社の決済代行業者。消費者側敗訴）

③ 　東京高判平成27・9・30判例集未登載（対電子マネー業者。消費者側敗訴）

④ 　東京地判平成27・6・19判例集未登載、東京高判平成27・12・9判例集未登載（対電子マネー業者。消費者側敗訴）

⑤ 　東京地判平成27・6・25判時2280号104頁、東京高判平成28・2・4判例集未登載（対電子マネー業者。消費者側敗訴）

⑥ 　広島地判平成27・11・19判例集未登載（対口座による収納代行業者。消

費者側敗訴）

⑦　横浜地判平成28・6・10判例集未登載（対クレジットカード会社の決済
代行業者。消費者側敗訴）

⑧　東京地判平成28・6・14判例集未登載（対口座による収納代行業者。消
費者側敗訴）

⑨　名古屋地裁岡崎支判平成28・8・3判例集未登載（対電子マネー業者。
消費者側敗訴）

⑩　さいたま地裁川越支判平成28・11・10判例集未登載（対電子マネー業者。
消費者側敗訴）

⑪　さいたま地裁川越支判平成29・1・19判例集未登載（対電子マネー業者。
消費者側敗訴）

⑫　広島地裁三次支判平成27・2・10判例集未登載、広島高判平成27・
12・16判例集未登載（対口座による収納代行業者。消費者側勝訴）

⑬　大宮簡判令和4・10・11判例集未登載（対口座による収納代行業者。消
費者側勝訴）

⑭　さいたま地判令和5・7・12判例集未登載（いわゆるプラットフォーマー
かつ決済代行業者。消費者側勝訴、故意の幇助による不法行為責任を認定）

以下では、上記裁判例の消費者側の主張および判決について分析を加えて
いく。

(2)　裁判例の分析

(A)　裁判例からみる注意義務の構成の仕方

近時、裁判例⑭のように故意の幇助による不法行為責任が認められる裁判
例があることからすれば、まずは、故意の幇助による不法行為責任を追及し
ていき、かかる責任が認められた裁判例が蓄積されていくことが望まれる。

他方、かかる業者に対して責任追及をする場合には、故意のみならず過失
の幇助による不法行為責任も同時に主張をしていくことになる。

その場合、注意義務の構成については、義務の名称の使い方に違いはあるが、中身としては、「違法行為を行っていることを予見できたにもかかわらず、漫然と加盟店契約をした、あるいは加盟店契約を継続した」という義務内容により過失の幇助を主張していくことが一般的に考えられる法律構成である。

かかる義務についての導き方については、各裁判例における事案ごとで違いがみられる。具体的には、以下のとおりとなる。

ⓐ　クレジットカードの決済代行業者、収納代行業者、電子マネー業者と利用者との間には準委任ないし委託契約関係があり、かかる契約関係から善管注意義務もしくは契約に付随する義務として、上記義務が導かれる（裁判例①③⑤⑧⑨）。

ⓑ　（電子マネー業者について）資金決済法、金融庁の事務ガイドライン、自主規制規則等から、上記義務が導かれる（裁判例③④⑤⑨⑩⑪）。

ⓒ　（収納代行業者について）資金決済法が類推適用されるため、上記義務が導かれる（裁判例⑥）。

ⓓ　（収納代行業者について）資金決済法、特定商取引法、振り込め詐欺被害救済法、割賦販売法、犯罪による収益の移転防止に関する法律の趣旨から、上記義務が導かれる（裁判例⑧）。

ⓔ　（クレジットカード会社および決済代行業者について）信義則上、加盟店審査義務および加盟店管理義務を負う（裁判例②⑦）。

ⓕ　（口座提供型収納代行業者について）収納代行業を行う者として、銀行口座が悪用されるケースが社会問題になっていることは職務上十分に認識していたとして、契約締結に際し取引先が違法行為に関与しない相手であることを審査する注意義務が導かれている（裁判例⑬）。

このうち、ⓑについては、上記裁判例③④⑤⑨⑩⑪などの各裁判例においても資金決済法、事務ガイドライン等から規範が導かれているため、電子マネー業者の責任を追及する規範として裁判例上定着しつつあると思われる。

　他方で、ⓐの何かしらの契約を前提にした義務の構成については、軒並み契約自体が存在しないとする消極的な解釈がなされている（裁判例①③⑧⑩⑪）。

　ⓒおよびⓓの主張については、それぞれ１例のみだけである。

　口座提供型収納代行業者については、犯罪収益移転防止法によって有償による口座提供が罰則をもって禁止されていることもあげられるが、口座開設の経緯、収納代行契約の経緯、入出金履歴等の事情をもって注意義務の存在が導かれている（裁判例⑬）。

　なお、クレジットカード決済代行業者については、前記Ⅲ４(2)に記載されているように、現行（平成28年改正後）割賦販売法の「クレジットカード番号等取扱契約締結事業者」に該当する場合には、同法の登録義務や加盟店調査義務から不法行為法上の注意義務を導出するということも今後の裁判例においては検討されうるであろう。

　裁判例⑭では、プラットフォーマーかつ決済代行を行っていた業者について、当該業者が「殿堂入り」させた商材に詐欺的な説明が多く含まれていたこと、当該業者が案内した商材にも高額で安定的な利益があること、少人数の限定募集であることを殊更強調するものであること、自社のサイトを通じて紹介することで、決済代行を担当する商材が多いほど当該業者も利益を得られる関係にあることなどを根拠に、当該業者の審査は誇大表現等の掲載を阻止し得ない形骸的な審査となっており、むしろ、当該業者が購入を推奨していた他の詐欺的な商材のサイト同様に、当該商材についても自らが詐欺的な商品・勧誘方法であることを十分に認識して利用者が購入することを認容していたとして故意の幇助による不法行為責任を認めている。

　裁判例⑭の認定した事実からすれば、当該業者では形骸化した審査しかなされておらず、むしろ、詐欺的な商品の購入を推奨しており、これにより利益を上げている立場であったということになり、故意の幇助責任が認められ

ることは自然な帰結と考えられる。そのため、今後は、かかる業者に対して過失の幇助のみならず故意の幇助による不法行為責任を追及していくことが重要であると考えられる。

(B)　裁判例における注意義務の規範

前記の分析のとおり、各裁判例において消費者側は、注意義務の名称は異なるが、中身は「違法行為を行っていることを予見できたにもかかわらず、漫然と加盟店契約をした、あるいは加盟店契約を継続した」という点でほぼ共通している。

そして、裁判例③④⑤⑨⑩⑪の規範にも表れているように、裁判所も消費者側の主張に沿い、「加盟店の提供する物品等が違法であることを知り、または容易に知り得たにもかかわらず加盟店契約を締結し、またはそれを解除せずに継続し、加盟店の違法行為に加担した場合には、一定の限度で共同不法行為の責任を負うことがありうる」との規範を定立し、かかる規範のもとで過失の有無を判断していると思われる。

(C)　注意義務の程度

(a)　裁判例の現状

問題となるのは、上記規範に則った場合、どのような事実が存在し、どのような事実を認識していたもしくは認識可能だった場合に、過失が認められるのかという点である。

上記裁判例からすると、裁判所は決済手段提供業者の具体的な認識および認識可能性を問題にしている。この認識および認識可能性がどの程度要求されるかが問題となる。この点、前記の各種裁判例を分析すると、裁判所は相当の具体的な認識および認識可能性を要求していると思われる。

たとえば、裁判例⑤（東京地判平成27・6・25、東京高判平成28・2・4）の事案では、同事案の被告である電子マネー業者に対し、当該事案で問題となっている加盟店について6件、消費生活センターから返金の要請があったとい

う事実が認定されている。消費生活センターからの返金要請があるという事実は当該加盟店の違法な行為を裏づける重大な事実であるにもかかわらず、それでもなお裁判例⑤では電子マネー業者に具体的な認識および認識可能性はなかったとして、電子マネー業者の過失は否定されている。

そのほかの裁判例では、独立行政法人国民生活センターに対し弁護士会照会によって得られるPIO-NET情報による立証を試みているが、各裁判例で問題となったサイトの事例ではないとして、いずれも証拠価値が認められていないなど、この点からも決済手段提供業者の具体的な認識および認識可能性があったというためのハードルが極めて高いことがうかがえる。

なお、収納代行業者に勝訴した裁判例⑫（広島地裁三次支判平成27・2・10、広島高判平成27・12・16）の事例では、収納代行業者が実際に消費者に対して、返金に応じているという事実が重くみられている。

しかし、かかる事実があれば、収納代行業者としては加盟店が違法な行為を行っていることを優に認識できるのであり（むしろ返金に応じていることからすれば、違法な行為を行っている加盟店との共謀まで認定できるのではないかと思われる）、当然の帰結であると思われる。

裁判例⑬では、正確な氏名が不詳な者を介して実態の存否も確認できない海外業者と収納代行契約を締結していること、複数の個人から高額な金銭が繰り返し振り込まれていること、痕跡の残らない現金授受という不自然な手法で収納代行業務が行われていること、手数料負担のあるATMを利用して1日に複数回にわたって現金を引き出して授受していること、現金を渡す相手が携帯電話のみで連絡がとれる者であることなど、収納代行契約の経緯や現金授受の方法など、当該事案における具体的な事実関係に着目して認識可能性があったと認定している。

以上から明らかなように、現在の裁判例の帰結としては、決済手段提供業者の過失が認定されるためには、相当程度具体的な認識および認識可能性ま

で求められている状況であると思われる。

　　　(b)　裁判例の枠組み

　上記のような裁判例の現状は、当然であるが、到底是認できるものではない。

　このような裁判例の判断は、サクラサイトにとって重要な存在である決済手段提供業者がサクラサイト被害を拡大させている現状を裁判所が是認し助長するようなものである。

　では、上記のような裁判例が続出している原因はどこにあるのか。

　㋐　サクラサイト問題が深刻な社会問題であることを裁判所が認識していないこと

　いわゆる投資被害の分野では、これまでの裁判例の積み重ね等もあり、裁判所においても高齢者を狙った極めて悪質性の高い詐欺であるとの認識が浸透しつつある。そのため、投資被害の詐欺犯らにツールを提供した者らに対しても裁判所の心証として、一定の社会的責任があるとの価値判断があると思われるため、投資被害の詐欺犯らにツールを提供した者らに対して責任を認めた判決が多数示されている。

　他方でサクラサイト問題については、筆者の個人的な雑感ではあるものの、深刻な社会問題であるとの認識がやや薄いようにも感じるところである。

　㋑　決済手段提供業者がサクラサイト被害を拡大させていることについて裁判所が無理解であること

　㋐に関連する点であるが、サクラサイト問題について裁判所の理解が及んでいないことからすれば、サクラサイトに決済ツールを提供している業者らの責任についても、裁判所は深刻な社会問題であるとの認識を有していないのではないかと思われる。

　㋒　決済手段提供業者からの情報開示が得られないこと

　実際の訴訟の現場において問題となっている点であるが、決済手段提供業者は裁判においても、消費者側の求釈明に対し回答をしない傾向が強く、ほ

とんど情報が開示されていない状況である。

　前述のように、裁判所は決済手段提供業者の具体的な認識および認識可能性を問題にしているため、当該規範からすれば何よりも決済手段提供業者側の事実が重要となる。しかし、決済手段提供業者は自身に不利な事実を出さないため、消費者にとっては圧倒的な不利を強いられている状況である。

　実際、上記裁判例のほとんどでもPIO-NET情報による立証か当時の社会情勢に関する立証、インターネットの情報といった一般的な情報から業者の具体的な認識および認識可能性を立証しようとしており、個別具体的な事実関係についての主張立証のあとがうかがわれないものが多い。

　なお、投資被害の分野におけるツール業者に関しては、たとえば電話転送業者などは弁護士会照会などで情報開示に応じる。また、口座提供者に対する裁判などでは、裁判所も口座提供行為自体が異常であるとの認識であるため、むしろ口座提供者側に積極的に事実の経緯の釈明を求めるケースが多い。

　しかし、決済手段提供業者については、裁判所も積極的に釈明を求めるものではなく、また前述のように情報開示をほとんど行わないため、事実関係として負けてしまうことが多いようにも思われる。

(3) 今後の主張立証活動についての提言

(A) サクラサイト問題について裁判官に正確な理解をしてもらうこと

　上記の分析を踏まえると、まずは裁判所に対し、サクラサイト問題がいかに深刻な社会問題となっているかということを理解してもらう必要があるかと思われる。

　そのための主張立証については、国民生活センターの報道資料、実際にサクラサイト詐欺が立件され、有罪となっていることなど、常に最新の情報を用いながら主張立証していく必要があると思われる。

(B) 決済手段提供業者の役割の重大性を裁判官に理解してもらうこと

　投資被害の分野においてツール提供者の責任が認められている理由の一端

は、銀行口座、レンタル携帯、電話転送、私書箱などのツールが詐欺にとって極めて重要なツールであることが裁判官に理解されている点があげられる。特に電話は詐欺の「三種の神器」と呼ばれており、当該ツールが詐欺に極めて利用されやすいものであることを裁判官が理解しているため、安易な提供は許すべきではないとの価値判断が根づきつつあると思われる。

しかし、決済手段提供業者の役割の重大性については電話などに比べると裁判官に浸透していない。この原因は、決済手段が多様化しており、電話などに比べると必ずしも必須のツールではないという点があげられる。しかし、電話などに比べると必要性は落ちるかもしれないが、詐欺業者に決済手段を与えている点ではやはり詐欺にとって重要なツールである。

そのため、ツールの性質をしっかりと論じていくことによって、裁判官に決済手段提供業者が提供している決済手段がいかにサクラサイト詐欺の拡大に貢献しているかを認識させる必要がある。

具体的な主張としては、たとえばクレジットカードの決済代行業者であれば、決済代行業者の存在によって本来であれば信販会社が加盟店としなかったような悪質な業者まで加盟店となっている実態について、きちんと主張立証していくことなどが考えられる。

また、電子マネーがどの程度詐欺に利用されているかなどについても、統計データなどを用いて立証することが考えられよう。

(C)　事実の掘り起こしを行うこと

これまで述べてきたとおり、決済手段提供業者の具体的な認識および認識可能性が問題となる以上、決済手段提供業者の認識・認識可能性を裏づける事実の掘り起こしこそが極めて重要となる。

前記(1)裁判例⑫の事例のように、決済手段提供業者が金銭の返金を行っていたなどの事実であるとか、当該加盟店について極めて多数の苦情が寄せられているなどの事実の掘り起こしができれば、優位に裁判を進めることがで

きると思われる。

　また、クレジットカード決済代行業者であれば、アクワイアラーとの契約関係を明らかにする契約書等を確認することや、決済手段提供業者全般に関していえば、決済手段提供業者とサクラサイト運営業者との契約書等を確認することにより、決済手段提供業者の注意義務の内容や認識可能性の有無を明らかにしていくことが可能となる。

　最も簡易な方法としては、求釈明を通じて相手方に事実関係を明らかにさせることである。

　ほかに考えられる方法としては、証拠保全や文書提出命令などがあげられる（前記Ⅲ4参照）。

　⑷　まとめ

　近時、裁判例⑬や裁判例⑭のように決済手段提供業者に対する責任が認められており、決済手段提供業者に対する責任追及の途が開かれてきている状況である。特に、裁判例⑭については故意の幇助による不法行為責任を認定しているものであり、今後は過失のみならず故意の幇助による不法行為責任の追及も積極的に行っていくことが望まれる。

　上記のように、決済代行業者に対する責任を認める判決が示されてきていることからすると、勝訴しにくい状況であったからといって責任追及の手を緩めるべきではない。現状の裁判例は、いわば過渡期のものであり、事案の積み重ねによって変化させていく必要があり、実際に変化してきている。したがって、むしろ、責任追及を多方面から多数行うことによって、決済手段提供業者の具体的な認識および認識可能性を基礎づけることにつながり、裁判例も変化していくであろう。

　そのため、今後は決済手段提供業者の責任追及を積極的に行っていくべきであろう。

Ⅵ　回収方法

1　保　全

⑴　はじめに

相手方となるサクラサイト運営業者は、すぐに連絡がとれなくなることが多いので、訴訟を提起する前に仮差押えをしてサイト運営業者の財産を動かせないようにしておくことも重要である。仮差押えをする対象財産としては、不動産や債権、預金口座などがある。

仮差押えをするためには、裁判所に10％〜30％程度の担保金を積まなくてはならいため、担保金の準備ができないと仮差押えができない。もっとも、日本司法支援センター（通称「法テラス」）の民事法律扶助制度を利用して弁護士に依頼している場合、法テラスが担保金を貸し付けてくれる制度がある。

また、担保金の用意が難しい場合には、凍結されている口座やサクラサイト運営業者ないし関係業者名義の預金口座を開設している銀行等金融機関や、決済業者（電子マネー業者、クレジット決済代行業者など）に対して債権者代位訴訟を提起することも考えられる（後記⑷参照）。

⑵　仮差押えの対象財産

サクラサイト運営業者が不動産を所有していることはほとんどないが、法人の登記事項証明書により代表者の住所を確認し、代表者の所有物件かどうかを確認することは有用である。もっとも、すでに担保が付いている場合には余剰があることはほとんどない。

預金口座については、実際に被害者が振り込んだ口座を仮差押えすることが考えられるが、通常、サクラサイト運営業者は振込があるとすぐに引き出すため、満額の差押えは困難である（数百円程度のことも多い）。ただ、仮差

押えによって預金口座の取引が止まってしまうので、サイト業者が引き続き振込先口座として使用中の口座の場合、仮差押えが功を奏しなくとも、差押えを取り下げてほしいという連絡があり任意で全額返金してくる場合もある。

　債権については、クレジットカード決済や電子マネー決済をしている場合、サクラサイト運営業者から決済代行業者や電子マネー業者に対する債権を仮差押えすることが可能である。実際に被害者が利用した決済手段のほか、サイトの決済ページからどのような決済方法を使っているか調査をすることができる。

(3)　実際の仮差押え事案

　決済代行業者や電子マネー業者を第三債務者として仮差押えをした事案においては、サクラサイト運営業者と電子マネー業者との間に決済代行業者が入っていた例があり、当初それは把握していなかったのでその電子マネー業者については仮差押えができなかった。

　この事案は、前記Ⅲ3(3)(D)の訴訟の仮差押えであるが（本訴判決：さいたま地裁川越支判平成26・10・30判例集未登載）、訴訟提起前ではなく和解協議が不調に終わり、証人尋問が終わった段階での申立てであった。そのため、証拠がある程度揃っている状態で、和解も不調になっており保全の必要性も明らかであったため、サイト変更後の運営業者（＝B会社）のみを債務者としての申立てが認められた（この時点で資産があるのは、当時サイト運営が継続していたサイト変更後の運営業者のみであったため）。

　保全のタイミングが証人尋問後と遅くなったのは、担保金の問題が理由である。結果担保金は200万円になり、被害者が親族から借り入れたが、すでに600万円以上もサクラサイトに振り込んでしまったうえ、さらに200万円を借り入れて支出するにはかなりの決意を要するため、証人尋問を行ったうえで、ある程度勝訴の見込みが出てからやっと担保金の用意が可能になった。

　差押債権目録の記載内容は、下記のものとした。

127

① 債権譲渡代金支払請求権　　債務者と第三債務者との間の継続的な加盟店契約、決済代行契約、オンラインクレジットカード決済業務委託契約、収納代行業務委託契約、もしくは電子マネー利用契約等に基づき、債務者が商品の販売または役務を提供したことにより取得した債権を、第三債務者に譲渡したことによる、債務者が第三債務者に対して有する債権譲渡の代金支払請求権。

② 立替払請求権　　債務者と第三債務者との間の継続的な加盟店契約、決済代行契約、オンラインクレジットカード決済業務委託契約、収納代行業務委託契約、もしくは電子マネー利用契約等に基づき、債務者が商品の販売または役務を提供したことにより取得した債権を、信用販売の買主に代わって第三債務者が立替払いをすることを合意したことによる、債務者が第三債務者に対して有する信用販売に基づく立替払請求権。

③ 売上金引渡債権もしくは利用料金引渡債権　　債務者と第三債務者との間の継続的な加盟店契約、決済代行契約、オンラインクレジットカード決済業務委託契約、収納代行業務委託契約、もしくは電子マネー利用契約等に基づき、債務者が商品の販売または役務を提供したことにより取得した債権を、第三債務者が代行して回収したことによる、債務者が第三債務者に対して有する利用料金引渡債権もしくは売上金引渡債権

なお、近時の東京地方裁判所では、差押債権目録は以下のような内容が一般的となっている（以下は、電子マネー業者を第三債務者とした保全の事案でのものである）。期限は、1年間とすることが多い。

　債務者が第三債務者に対して有する、債務者と第三債務者との間の継続的な加盟店契約、決済代行サービス利用に関する基本契約に基づく売上金引渡請求権もしくは利用料金引渡請求権にして、支払期限の到来した順序で、支払期限が同日の場合は金額の大きい順序で、頭書金額に満

> つるまで。

(4)　債権者代位訴訟

　仮差押えの担保金が用意できない場合などには、債権者代位訴訟を検討してもよい。債権者代位訴訟のメリットとしては、①保証金（担保金）がいらないこと、②金融機関や決済業者の多くは国内の業者なのでサクラサイト運営業者が海外に所在しているとしても債権者代位権を行使して争うことができること、③債権者代位権の行使は裁判上の行使に限られないので交渉場面でも使用できること、④金融機関や決済業者も相手にすることでこれらの業者からサイト運営業者に対する働きかけも期待できること、があげられる。

　債権者代位訴訟を提起するためには、①被保全権利の発生原因（サクラサイト被害事案においては概ね不法行為に基づく損害賠償請求権）、②債務者の無資力、③被代位権利の発生原因（預金債権の存在）、④債務者に属する権利が一身に専属する権利ではないこと、⑤債務者に属する権利が差押えを禁止された権利ではないこと、⑥債権者の債権の履行期が到来していること、⑦債権者の債権が強制執行により実現できないものではないこと、⑧債務者が権利を行使していないこと、が必要である。

　債務者の無資力（上記②）とは、債務者の資力が当該債権を弁済するについて十分でないこと、とされている[12]。無資力要件の立証にあたっては、サクラサイト運営業者の決算書や預金履歴等による厳格な認定が必要というわけではないと考えられる。名古屋高判平成25・11・6の理論からすれば、

---

[12]　名古屋高判平成25・11・6判例集未登載によれば、無資力要件の意義は、「債権者代位権の行使（民法423条1項）は、債務者の資力が当該債権を弁済するについて十分でない場合に許される。そして、債務者の資力が当該債権を弁済するについて十分でない場合とは、債務者が債務超過に陥り、債権者代位権を行使する債権者（代位債権者）の債権を弁済するについて十分でない場合、すなわち、債務者に属する総積極財産と総消極財産を比較して、後者が上まわる債務超過を意味するものと解される」とされている。

サイト業者が資力不足を理由として低額の和解を希望するなどしてきた事情
は、サイト運営業者の無資力を基礎づける事実となりうる。また、無資力要
件の基準時を事実審の口頭弁論終結時とすると、訴訟中にサイト運営業者が
サイトを閉鎖するなどした場合、その事情は無資力要件の判断において有利
に働くと考えられる。加えて、サクラサイト自体がそもそも長期間の経営を
予定しているものではないという経験則も、無資力を基礎づけるものとなり
うる。

2　執　行

　仮差押えを行っている場合には、判決後に本執行をするだけである。

　仮差押えを行っていない場合、判決を得た時点で当該サクラサイトの運営
が継続していて、運営業者に差し押さえるだけの資産がないと執行は困難で
あり、通常は判決が出た時点で執行を免れるために運営業者は営業を停止し
ていることがほとんどである。

　実際の執行事案としては、前記 1 (3)の仮差押えを本執行したが、当時まだ
サイト変更後の運営業者（＝ B 会社）が運営中であったため、仮差押えした
金額よりも多くの金額を差押債権目録に記載して執行したところ、第三債務
者 1 社について仮差押えよりも多く差押えができ、全額回収が可能となった。

3　口座凍結

⑴　振り込め詐欺被害救済法に基づく救済

　被害者がサクラサイト運営業者の指定する口座に振り込んでいる場合に関
し、振り込め詐欺被害救済法に基づく被害救済方法について説明する。

　サクラサイトの運営は、詐欺罪（刑法246条）に該当する行為であるから、
サクラサイト運営業者が振込先に利用していた口座は、振り込め詐欺被害
救済法 2 条に定める「犯罪利用預金口座」に該当する。そこで、業者が返金

に応じない場合または連絡がつかない場合などには、受任弁護士が金融機関に口座凍結要請を行うことによって、同法による被害救済を図ることが考えられる。

(2)　基本的手続の流れ（〈図7〉参照）

　日本弁護士連合会が振り込め詐欺被害救済法施行時に一般社団法人全国銀行協会と協議をして作成した統一用紙（資料編【資料14】参照）で口座凍結を要請する。振り込め詐欺被害救済法3条1項の「捜査機関等」には弁護士や認定司法書士が含まれる（全国銀行協会が定める、振り込め詐欺被害救済法に係る「事務取扱手続」参照）。金融機関に口座凍結を要請するのと同時に、被害者の居住地の都道府県警の刑事二課にも連絡をしておく。用紙に被害概要を記載し、振込票等を添付資料とする。送付先は金融機関によって異なるので、あらかじめ弁護士会等で確認するか、金融機関に確認する必要がある。

　口座凍結がされた場合には、金融機関は、預金口座に1000円以上の残高があれば、預金保険機構のウェブサイトにある振り込め詐欺被害救済法に基づく公告専用ページにて、凍結預金債権の消滅手続の公告をする。通常は、権利行使の届出期間が満了して預金債権の消滅が確定した段階で、被害者の届出期間に移行する。金融機関の多くは、口座凍結要請をした当事者やその代理人には届出のための所定の書式を送付してくれるが、何ら連絡してこない金融機関もあるのでウェブサイトで自ら確認しておいたほうがよい。その後、預金口座に存した残高について金融機関が認定した被害額に応じて案分した金額が支払われることになる。

　なお、凍結要請した口座から資金が移転されている場合には、その資金移転先口座も犯罪利用預金口座とされ、同様に凍結されることもある（振り込め詐欺被害救済法2条4項1号、3条2項）。他の情報から資金移転先が特定できている場合には、弁護士等が自ら口座凍結要請してもよい。

　当該口座に対しても届け出ることによって被害回復が可能である。

〈図7〉　被害回復分配金の支払い等に関する手続の流れおよび預金保険機構の業務

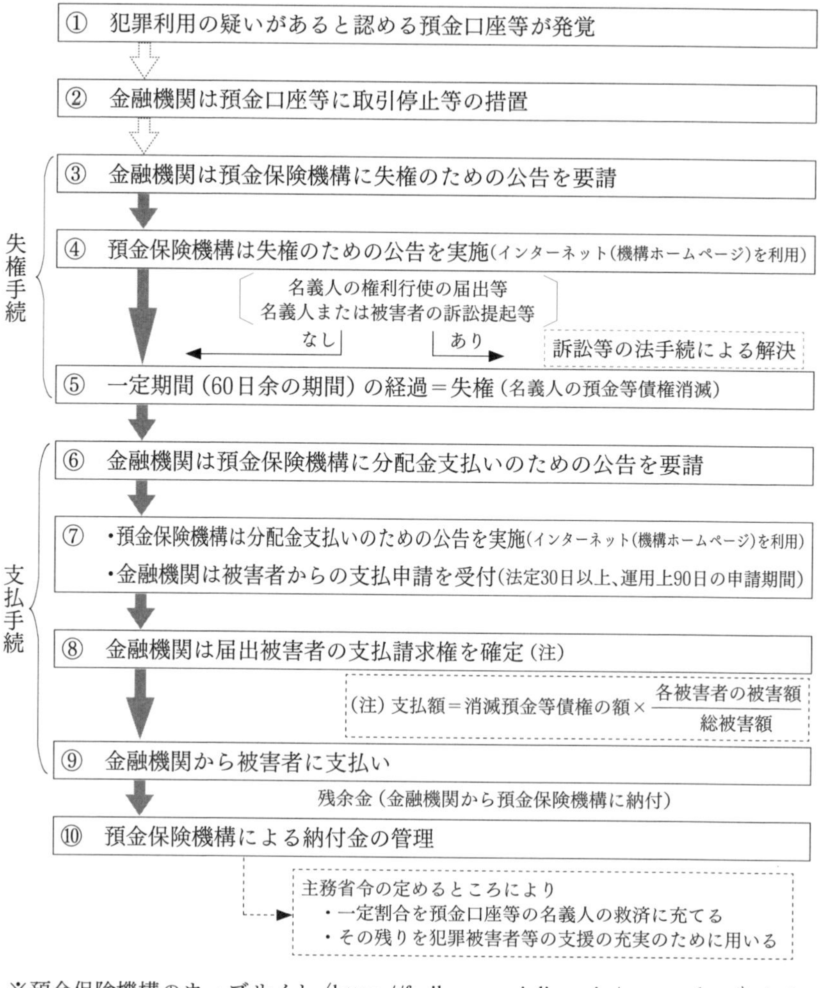

① 犯罪利用の疑いがあると認める預金口座等が発覚

② 金融機関は預金口座等に取引停止等の措置

③ 金融機関は預金保険機構に失権のための公告を要請

④ 預金保険機構は失権のための公告を実施（インターネット（機構ホームページ）を利用）

名義人の権利行使の届出等
名義人または被害者の訴訟提起等
なし　　　　あり　　　　　訴訟等の法手続による解決

⑤ 一定期間（60日余の期間）の経過＝失権（名義人の預金等債権消滅）

⑥ 金融機関は預金保険機構に分配金支払いのための公告を要請

⑦ ・預金保険機構は分配金支払いのための公告を実施（インターネット（機構ホームページ）を利用）
・金融機関は被害者からの支払申請を受付（法定30日以上、運用上90日の申請期間）

⑧ 金融機関は届出被害者の支払請求権を確定（注）

（注）支払額＝消滅預金等債権の額×$\dfrac{各被害者の被害額}{総被害額}$

⑨ 金融機関から被害者に支払い

残余金（金融機関から預金保険機構に納付）

⑩ 預金保険機構による納付金の管理

主務省令の定めるところにより
・一定割合を預金口座等の名義人の救済に充てる
・その残りを犯罪被害者等の支援の充実のために用いる

失権手続 ④〜⑤

支払手続 ⑥〜⑨

※預金保険機構のウェブサイト〈https://furikomesagi.dic.go.jp/process.html〉から引用。

(3)　口座凍結を要請するか否かの判断

　いったん口座が凍結されるとサクラサイト運営業者は、金融機関から他の金融機関への情報提供など（振り込め詐欺被害救済法3条2項）により、他行の口座利用なども停止されることもあり、そのダメージは甚大である。したがって、予期せぬ口座凍結がなされた場合は、サクラサイト運営業者も一定の抵抗をしてくることがある。統一用紙上の約束事として、これらの苦情に対しては金融機関ではなく情報提供をした弁護士がその対応をするのが原則である。

　一方、振り込め詐欺被害救済法の口座凍結の要件としては、当該口座が「犯罪利用の疑いのある口座」であれば足りるので、合理的な資料および根拠で犯罪利用預金口座の疑いがあると判断して、凍結要請をしたのであれば、口座凍結要請をした弁護士が責任を問われることはない。

　したがって、①被害者が当該口座に確実に振り込んでいること、②被害者の被害がメールの内容等からサクラサイト被害であると判断できること、という要件が揃えば、口座凍結の要請を考えてよいと思われる。

(4)　口座凍結要請の解除

　サクラサイト運営業者によっては、口座凍結がされるとあわてて被害全額を弁償するので口座凍結を解除してくれといってくることがあるが、この点は、注意が必要である。

　まず、いったん金融機関が凍結した口座について弁護士が解除を要請する法的根拠はない。すなわち、弁護士にはいったん金融機関が凍結した口座の解除を要請する権限はないのである。弁護士が口座凍結を要請したことが間違いであるとの前提で、金融機関に解除要請をすることは考えられるが、そのような解除要請は弁護士が行う口座凍結要請一般の信頼性を低下させることになるので控えるべきである。

　したがって、いったん口座凍結要請をして、金融機関が口座凍結をした場

合に、被害回復を理由に口座解除要請をするのは相当ではなく、サクラサイト運営業者等凍結口座の名義人との間では、金融機関に被害回復をした事実を伝えることを約束するにとどめるべきである。

(5) 比較的残高がある場合

凍結要請によって凍結した口座に比較的預金残高がある場合には、仮差押えを行い、本訴、強制執行という形で回収を図ることも考えられる。振り込め詐欺被害救済法による被害回復手続は、正当な裁判による回収手続には劣後する位置づけとなっている。具体的には、仮差押えをした段階で、振り込め詐欺被害救済法 6 条の「権利行使の届出」に該当し、債権消滅手続が終了することになり、裁判手続による回収が基本となる。この場合は、法的手続をとる者が 1 人だけの場合は、その者が差し押さえた金額を全額 1 人で回収することができる。

この手法はサイト被害だけでなく、国際ロマンス詐欺など広く詐欺被害に応用できる。

ｺﾗﾑ　クレジットカードがキャンセル処理され、解決したと思っていたら、サイト運営業者から訴訟を提起された事例

1　被害内容

Aさんは、「賞金1000万円が当たった」というメールを受信し、そのメールに記載されていたURLをクリックしたところ、X社が運営するサイトに誘導され、そのサイト内で、現金を受け取るために必要な手続として何度もメールのやりとりを続けさせられた結果、合計で約400万円もの金額をクレジットカードや電子マネーで支払ってしまった。

サイト内でのやりとりに疑問を感じたAさんが、消費生活センター（以

下、「センター」という）に相談したところ、サクラサイト詐欺に遭った
のではないかと指摘され、センターがクレジットカード会社に連絡をし、
クレジットカード利用分がキャンセル（チャージバック）処理されたの
で、Ａさんは解決したものと思い、受信したメールなどの証拠も廃棄し
てしまった。

2　業者からの訴訟提起

　後日、裁判所より、Ｘ社が、Ａさんがクレジットカードをキャンセル
処理したことを理由に、キャンセルされたクレジット利用額およびＸ社
が決済代行業者に支払ったキャンセル手数料の賠償を求める内容の訴状
が届いた。

　Ａさんは、センターに相談に行く前に、Ｘ社の担当者と名乗る者から
電話で、「これまでの利用金額の１割をキャッシュバックするので、返
金のために必要な書類を送ります」と言われ、送られてきた書類に署名
押印をして返送していた。この書類は、電話での説明とは異なり、利用
金額の１割に満たない１万円を返金すること、今後、クレジットカード
のキャンセル処理も含めて、Ｘ社に対し、何ら異議申立てをしないとい
う内容の合意書であった。

　Ｘ社は、Ａさんがこの合意書に違反したと主張して、上記の損害賠償
を求めたものであった。

3　受任と訴訟経過

　Ｘ社が、全国各地で、同種の裁判を起こしていたため、弁護団ではＡ
さんからの依頼を受けるとともに、やはりＸ社から提訴されたＢさんと
共同で応訴し、被害回復がされていない電子マネーの利用分や、弁護士
費用等を損害賠償として求める反訴を提起した。

　裁判では、Ｘ社は、Ａさんだけでなく、利用額が多くなったユーザー
との間で、ごく少額を返金する代わりに、今後は何ら異議申立てをしな

い旨の合意書を取り交わしている事実が判明した。これは、サクラサイト被害に遭ったことを後から認識したユーザーからの返金請求を受けないようにするための予防策と思われた。しかし、Aさんが合意書を取り交わした経緯等に不自然な点が多く、この合意書は無効であると弁護団は主張した。

　その結果、X社が請求を放棄し、さらに電子マネーの利用分を返金するとともに、今後、同じような請求をしないことを誓約する内容の守秘義務条項のない和解が成立した。

4　まとめ

　X社は、全国で同様の裁判を起こしていたことから、泣き寝入りして支払ってしまった被害者が複数いると思われる。X社のような業者はほかにも存在するので、センターや弁護団が連携して、泣き寝入りをしないよう、対応することが重要である。

　また、クレジットカードがキャンセル処理されたとしても、完全に解決したとは限らない。

　そのため、メールなどの証拠はしばらく保存しておくよう助言することも必要である。

（朝倉祐介）

コラム　口座凍結と公正証書

1　事案の概要

　女性が、婚活サイトに登録し、そのサイトに登録していたサクラの男性とLINEの連絡先を交換した。女性はその男性とLINEのやりとりを数回した後で、男性から携帯電話が壊れたなどと言われて、男性によって

サクラサイトに誘導された。その後、女性は、サクラサイトから男性からのメールの文字化け解除等の手続に必要だなどと言われて、サクラサイトのポイントを複数回購入してしまった。ポイントの購入方法は銀行口座への現金振込であったことから、私のほうから口座凍結要請をして、口座は凍結された。

2　差押えの連絡と仮差押え

　口座凍結後、口座を管理する金融機関から、口座に対する差押えまたは仮差押えがなされたことから、預金等債権消滅手続は途中で終了した旨の連絡があった。

　金融機関からの連絡内容は差押えまたは仮差押えがあったという事実のみで、どのような債権者がどれくらいの債権額で差し押さえたのか等の事実が判明しなかったこと、サクラサイト運営業者Ａ（以下、「Ａ社」という）が交渉時に現金がないなどと不誠実な対応を続けていたことから、私も、凍結されていた口座に対し仮差押えをした。

3　公正証書の存在と配当異議

　仮差押え後、第三債務者たる金融機関から陳述書が届き、本差押えをして、預金残高のすべてを差し押さえていた債権者が、個人ではなく、株式会社Ｂ（以下、「Ｂ社」という）であることが判明した。

　また、仮差押債権者として、差押事件の記録の閲覧をしたところ、Ｂ社はＡ社との間で、金銭消費貸借契約についての公正証書を作成し、それに基づいて預金口座を差し押さえていることが判明した。

　公正証書の作成時期は私がＡ社と交渉していた時期であったこと、Ｂ社の本店所在地はアパートの１室であり株式会社の実体が極めて疑わしいこと、Ｂ社が差し押さえていたＡ社の複数の預金口座はいずれも凍結された口座であったこと等から、口座凍結解除と執行妨害を目的として公正証書が作成されたことが強く疑われた。

　その後、配当期日となり、仮差押債権者として、配当に異議を述べるとともに、Ｂ社に対し配当異議訴訟を提起した。異議の理由として上記のように、公正証書の作成が口座凍結解除と執行妨害を目的としていること等を主張した。

　第1回の期日前に、Ｂ社から連絡があり、女性側の請求を全額認めることで和解が成立した。配当異議訴訟と並行して、Ａ社に対する訴訟も提起していたが、こちらの訴訟も請求元本を全額認めることで和解が成立した。和解成立後、供託されていた請求金額について払戻しを受けることで満額回収できた。

4　小　括

　金融機関から、凍結された口座に対する差押えの連絡を受けたときは、別の被害者の人が口座を差し押さえたのではないかと推測していたが、仮差押えをしたところ、差押債権者が会社であり、しかも公正証書に基づいて差押えをしていたという事案であった。

　他の債権者からの差押えの事実が判明したとしても、諦めることなく、迅速に凍結された口座に対する仮差押えをして、差押債権者についての情報を収集し、執行妨害が疑われるようであれば、配当異議訴訟を提起する等の毅然とした対応をとることが、被害者の被害回復にとって重要であると思う。

（安藤博規）

第5章

占いサイトに関する
具体的解決方法

I　はじめに

　サクラサイトと同様の構造をもちながら、サイトが提供するサービスがいわゆる「占い」あるいは「鑑定」とするものがある（以下、「占い」といい、占いを提供するサイトを「占いサイト」という）。

　占いは、日常生活の中で適法に提供されているサービスであり、その性質上、メールの内容が荒唐無稽であったり結果を伴わないことをもって、直ちに詐欺だとはいえないことから、通常のサクラサイト被害とは異なる視点も必要となるため、サクラサイト被害とは章を改め、検討する。

II　悪質な占いサイト被害の特徴

1　悪質な占いサイトとは

　ここで問題とする「占いサイト被害」は、「占い」という体裁をとりつつ、金銭を不当に得る目的で、多数回の無意味なやりとりを続けさせ、高額な料金を支払わせるような悪質な占いサイトによる被害である。

　悪質な占いサイトにみられる特徴として、以下のような点が指摘できる。

① 　初回無料という手法

② 　都度課金（返信の都度、ポイントがかかるもの）

③ 　登録すると、

 ⓐ 　依頼もしてないのに、勝手に鑑定メールが届く

 ⓑ 　その後も、知らない鑑定師から利用者を特定したメールが届く

 ⓒ 　一度、鑑定した鑑定師からも、繰り返しメールが届く

 ⓓ 　その結果、複数の鑑定師から頻繁にメールが届くようになる

④　メールの内容は、

　　ⓐ　あたかも、利用者その人のためだけの鑑定をしていると思わせる

　　ⓑ　「あなたにだけ」などと特別感を強調する

　　ⓒ　今が好機、時間がない、今だけなどと返信をしないことの不安を煽る

　　ⓓ　立派な鑑定師が特別に「あなた」を鑑定するなどというメールが届く

　　ⓔ　もう少しで目的を達成する、幸せなれるなどと期待をもたせるが、いつまでも、何度でも鑑定が続く

⑤　その他　　同じ鑑定内容が複数の利用者に届いている（つまり、「あなた」を鑑定していない）

2　悪質な占いサイトの類型

悪質な占いサイトは、大きく2つの類型に分けることができる。

1つは、宝くじに当選するなどと告げるものであり、他の1つは、悩みを解決する、幸せになれるなどと告げるものである。

宝くじが当たるか否かは客観的な事実の問題であるの対し、悩みを解決するとか幸せになれるなどというのは極めて主観的な問題であり、この違いが、以下の法的構成に影響する。

III　法的構成

占いサイトに対する法的主張としては、このような特徴を踏まえ、①通常のサクラサイト被害と同様の不法行為構成に加えて、②占いサイト固有の詐欺や社会的相当性逸脱を理由とする不法行為構成などが考えられる。

141

1　通常のサクラサイト被害と同様の不法行為構成

ここでいう通常のサクラサイト被害における不法行為構成とは、東京高判平成25・6・19判時2206号83頁（東京高裁平成24年㈹第4873号）で示される枠組みに沿った構成である。

同判決は、サクラサイト運営業者によるサクラの使用と組織的詐欺行為を認めた初めての高等裁判所判決であり、その後の判例の流れを形成した重要な判例であるが、その枠組みは以下のとおりである。

① 　被害者がサイト内で受け取ったメールの申出内容は不自然であり、指示内容にも合理性を見出しがたく、その目的はいずれも被害者にできるだけ多くのポイントを消費させ、高額の金員を支払わせることにあることは明らかである。

② 　高額な利用料金を支払わせることによって利益を得るのはサイト事業者しかいない。

③ 　したがって、被害者が本件各サイトにおいてメール交換した各相手方は、被控訴人が組織的に使用している者（サクラ）であるとみるほかなく、サイト運営業者は、被害者に対し、サクラを使用して、かつサクラであることを秘して、申出内容を実現する意思があるように虚偽のメールを送信してその旨誤信させ、申出内容実現のため一定の操作・手続が必要であるかのように申し向けてその旨誤信させ、これにより多額の金員を支払わせたものであり、詐欺に該当し、不法行為責任を免れない。

このような枠組みは、サイト業者が占いサイトの形式をとっていてもなお妥当する。すなわち、以下の構成が可能である。

① 　被害者が占いサイトにおいて占い師から受けるメールのうち、たとえば、実際の例として、「あなたの極上の幸運期を邪悪な魂がすべて吸い出そうとしている、幸せになる気持ちがあるなら、『信じる』と送信し

142

てくれれば鑑定を進め対処する」、「日本全土の幸せがあなたの幸せにか
かっている、"年神様"が本領を発揮し、愛も富もありとあらゆる幸せが
成就へ向かう≪命神六華宝祥≫を受け取る気持ちが少しでもあれば、
『始めます』と送信して欲しい」、「僕はあなたと最高の相性の持つ≪宿縁
の相手≫、僕たちの関係を確かなものにするためには誓いを立てる必要
があるので、『メリークリスマス！』と連絡して下さい！」、「『・・・た
すけて・・・』まぎれもない彼の声！！！、なんと・・・彼に過去最大
級の"異変"が起きているようなのです！あなたの占い師であり、あなた
が幸せの兆しに包まれるためにすべてを賭けて過酷な修行に挑んでいる
彼から、私は思念を受け取りました！なんということでしょう！彼がこ
こまであなたの幸せに力を尽くすなんて・・・！あなたのための修行
ですからあなたのお力をお借りしないことには完成しないのです！どう
か・・・彼が無事に準備を整えられるように・・・あなたの波動をお送
り下さいませんか？私まで『救命』とご連絡いただけますでしょうか？」
といった、受信者が幸福を得るにはメールに対し返信をする必要がある
という一見して不自然かつ不合理な内容であり、かつ、執拗に返信を促
す内容のメールは、その目的が被害者にできるだけ多くのポイントを鑑
定料名目下に費消させ、高額の金員を支払わせることにあることは明ら
かである。

②　高額な利用料金を支払わせることによって利益を得るのはサイト業者
　である（占い師も利益を得るかもしれないが、いずれにしてもサイト業者側
　である）。

③　そしてサイト業者は、真実はただ本件サイト内にてメールをやりとり
　させることにより多額の有料ポイントを購入させること自体が目的であ
　るのに、被害者をして、たとえば幸運を手にするため鑑定が必要である
　等誤信させ、これにより多額の金員を支払わせたものであるから、詐欺

に該当し、不法行為責任を免れない。

　③の内容は占いサイトの特徴や個々の被害内容に応じた工夫が必要であるが、鑑定サービスの提供ではなく不当に多額の金員を支払わせること自体が目的のサイトであること、そのようなサイトと知っていればサイトを利用しなかったことは共通するものと思われる。

2　占いサイト固有の構成①──詐欺による不法行為

　占いサイト固有の詐欺による不法行為構成としては、まず、メール1通がたとえば1500円～1800円と高額な「占い」名目でありながら、都度課金の仕組みにより、ユーザーに対し執拗に返信を促し、費用名目で金員を詐取しようとする仕組みの違法性を主張することが考えられる。

　また、「占い」の有無や「占い師」の実在を正面から争うアプローチも考えられる。たとえば、複数のユーザーに対してほとんど同じ内容の占いのメールが届いているような事案においては、その事実を指摘し、サイトは、ユーザーに対して、真実は占いをしないのに占いをするように装って、占い費用を支払わせたという主張が考えられる。さらに、サイトに占い師は存在しないのに、占い師による占いをすると装って、占い費用を支払わせたという主張も考えられる。

　このような「占い」の有無や「占い師」の実在を正面から争う手法は、占いサイトの欺瞞的な実態に合致する点や、後述の社会的相当性の逸脱の主張のような評価が入らないため、裁判所において判断しやすいという利点がある。

　他方で、サイトが占っていないと証明するために、同一の占い師から、異なるユーザーに対して、ほとんど同じ内容の占い結果のメールが送信されている事実を立証することが重要である。通常、占いは、顧客ごとに個別に占いを行うものと考えられるが、サイトにおいては占いの内容は類型化しており、ほぼ同内容になることがあるとの主張をすることがあるので、できれば、

「この世界であなただけに幸運が訪れています」等の当該ユーザーのみを対象として幸福が訪れている旨の占いのメールがあると、望ましい。

　このようなアプローチを行ううえでは、同一サイトでの被害を扱っている他の弁護士との連携により、同一サイトの占いのメールを交換することや、異なるIDおよびユーザーネームで再び占いサイトを利用して、前回受け取った占いのメールとほとんど同一の内容の占いのメールを証拠として確保することが重要になってくる。

　このような判断をした裁判例として、東京地判平成30・4・24消費者法ニュース116号350頁がある。この判決では、サイト運営会社が、「鑑定師の一覧、被告会社と個々の鑑定師との契約形態、全体としての報酬の支払状況、各鑑定師についての占い師としての経歴等を裏付ける客観的証拠、それぞれの占いや祈祷等の方法、また、原告に関しどのような方法の占いや祈祷等を行ったかなどについては、個々の被告会社の鑑定師が特定される情報を開示せず、客観的な証拠をもって明らかにすることは容易であると考えられるが、被告らは、原告からの求釈明に対し、上記の範囲においても明らかにしていない」ことや、「何らかの占いによるのであれば、通常同一の内容となることは考え難い、原告や会員の運勢に関することや原告や会員の個別の鑑定の結果等について、同一ないし類似の内容のメールが、被告会社の鑑定師名義で送られている」ことなどから、「被告会社の本件各サイトにおいては、占いや祈祷等を行う者としての鑑定師という者は存在しないか、少なくとも、原告について個別に占いにより運勢をみた上で、メールを送信したり、原告からの申し込みに応じて占いや祈祷等を行ったことはないと認めることができる……のであるから、被告会社の鑑定師の行為は、占いや祈祷に基づくものではなく、単に、原告をして本件各サイトにおいて有料のポイントを費消させるために行っているものにすぎないといえる。

　……被告会社は、本件各サイトにおいて占い等を行うことを標榜しておき

ながら、実際はこれを行うことをせずに、本件各サイトのシステムを利用して被告会社の有料のポイントを原告に費消させて被告会社が利益を得る行為をしているものである。

　……したがって、被告会社の行為は、詐欺に該当するものであり、原告に対する不法行為に該当するものである」。

　また、岡山簡判令和4・5・31消費者法ニュース133号166頁も、サイト運営会社に対し文書提出命令をもって占い師の労働者名簿、賃金台帳および出勤簿の提出を命じたところ、サイト運営会社が、会社解散に伴い破棄したとして提出しなかったことから、鑑定師が実在しないと認定し、「被告会社には、原告をして、実在しない鑑定師があたかも実在すると欺罔し、錯誤に陥らせて、原告に上記ポイントを購入・費消させた不法行為が成立する」と判示している。

　なお、これらの判決は、占いサイトにおいては、メールの内容が「相応の空想的要素があることを否定するものではなく、被告会社の鑑定師が送付したメールの内容が厳密に真実であることが要求されるものではない」（前掲・東京地判平成30・4・24）ことを前提としている。

　この点、刑事事件ではあるが、前述した「宝くじに当選する」か否かは客観的な事実であることから、松江地判令和3・12・15（ウエストロージャパン）は、鑑定士を装って、宝くじの高額当選を確実にさせることができる運勢鑑定が実在し、その鑑定を受けるためにはポイントを購入する必要がある旨の嘘の内容のメッセージを順次送信し、被害者にこれらを閲読させてその旨誤信させ、金員を支払わせたことが詐欺罪（刑法246条1項）に該当する旨を判示している。したがって、このようなケースにおいては、民事上も不法行為責任を負うことは明らかである。

3 占いサイト固有の構成②──社会的相当性を逸脱した違法性

もう１つの占いサイト固有の法的主張は、サイトがユーザーに占い費用を支払わせた行為は、社会的相当性を逸脱した違法な行為として、不法行為に基づく損害賠償請求を行うという主張である。

このような占いによる社会的相当性を逸脱した不法行為の主張に関しては、大阪高判平成20・6・5消費者法ニュース76号81頁が参考になる。すなわち、同判決は、易断による鑑定料の支払いまたは祈祷その他の宗教的行為に付随して祈祷料の支払いを求める行為について、「それに伴う金銭要求が、相手の窮迫、困難等に乗じ、殊更にその不安、恐怖心を煽ったり、自分に特別な能力があるように装い、その旨信じさせるなどの不相当な方法で行われ、その結果、相手方の正常な判断が妨げられた状態で、過大な金員が支払われたような場合には、社会的に相当な範囲を逸脱した違法な行為として、不法行為が成立するというべきである」と判示している。

同裁判例は、対面での易断について、被害者「の窮迫、困惑等に乗じ、殊更にその不安、恐怖心を煽ったり、自分に特別な能力があるように装い、その旨信じさせるなどの不相当な方法」がとられた場合にあてはまる裁判例であって、占いサイトのようなインターネット上の消費者被害の事例とは若干異なる。そこで、占いサイトに応じた判断基準を検討する必要がある。

そもそも、占いサイトは日々の生活に悩みをもっているユーザーが閲覧・利用している場合が多い。そのため、サイトがユーザーに対して占いを受ければ悩みを解決できるという強いメッセージを送れば、ユーザーは悩みを抱えていることから正常な判断を妨げられて、サイトで占ってもらうことで悩みを解決できると信じ、多額の金員を支払うのである。そこで、サイトが、①占い鑑定を受けることでユーザーの目的が達成できるように装い、その旨

信じさせるような不相当な方法でサイト内でやりとりをするように仕向けられ、②ユーザーの正常な判断が妨げられた状態で過大な金額が支払われた場合には、社会的相当性を逸脱して不法行為が成立する等の主張が考えられる。

　また、社会的相当性を逸脱した違法な行為か否かの判断は、行為の目的、行為の方法、行為の引き起こした結果等を要素として検討されることが多いので、上記①②の規範に限られるものではない。それぞれの占いサイトの事案に応じた規範を構成することが有用と思われる。

　この主張は、同一の占い師から複数のユーザーへほぼ同内容のメールが送信されている証拠まで必ずしも必要ではなく、当該ユーザーのみのメールである程度の立証が可能と考えられる。

　占いサイトについてこのような判断をした裁判例として、東京地判令和元・12・2判タ1484号213頁がある。同判決では、「鑑定の対価を請求する行為は、当該鑑定の内容に合理性がないとか、成果が認められないなどの理由で、直ちに違法な行為となるものではない。しかし、鑑定を勧誘することが不当な目的に基づいており、不当な手段によって鑑定の勧誘がなされ、相手方が正常な判断を妨げられた状態で不当に過大な金銭を鑑定の対価として支払ったような場合には、鑑定の名目で対価を請求する行為は社会的に相当な範囲を著しく逸脱した違法な行為となるというべきである。

　……本件各サイトで提供されていたサービスは、……会員がそのサービスの効用及び費用などを正常に判断することができる状態で利用する限りは不当なものとはいえず、違法性を認めることは困難である。しかしながら、何らかの悩みを抱えて多少なりとも精神的に不安定な状態にあり、かつ占いや鑑定の結果によってその状態から精神的に安定した状態に移行し得ると考えている会員の中には、上記①ないし④のメールの内容が心理状態に過度に作用して、一回の鑑定結果が出るまでに6000円程度しかかからないことも相まって、サービスの効用及び費用などについて正常な判断をすることができ

ない状態に陥ってメールのやり取りを繰り返し、その結果、ポイント購入のために自身の生活水準に比して多額の金銭を支出するに至る者がいることは容易に想像でき、本件各サイトを運営する被告会社も十分認識可能なものであったというべきである。そのような会員との関係においては、本件各サイトで提供されるサービスは、専ら金銭を支払わせるという不当な目的の下、心理的に正常な判断ができない状態に陥らせる不当な手段によって、不当に過大な金銭を支払わせているものというほかなく、そのサービスの提供行為は社会的に相当な範囲を著しく逸脱した違法な行為となると言わざるを得ない」と判示している。

Ⅳ　主張立証の方法

1　占いサイトのホームページや規約の表示

　たとえば、サイトが占い師による占いをするように装ったこと等を主張する占いサイト固有のアプローチの場合には、占いサイトのホームページ、規約を確認し、サイトのホームページにおいて占い師による占いをするように表示をしたという事実を指摘すべきである。

　また、社会的相当性の逸脱の主張でも、業者がサイトのホームページにおいてユーザーの目的を達成できるような表示をしたというためにホームページの表示や規約の内容を確認すべきである。

　業者からは、サイトの規約に、サイトがユーザーにダイレクトメールを送信する旨の規定があることや、サイトがユーザーの悩みを解きほぐすカウンセリングを行う旨の規定があることを理由に、ユーザーに対して送信したメールが占いのメールではない旨の主張を行うことがある。しかし、通常、ユーザーは規約の細部まで確認しない。また、サイトのホームページに占い

149

サイトと大々的に表示されている場合や、サイトから届く勧誘メールや占い師のプロフィールなどから、全体として評価すれば、ユーザーに対して占いをするように表示していると主張すべきである。

　また、業者においては、ホームページの表示内容や規約の内容を変更することがある。ユーザーが利用しなくなった後に、サイトの規約を「占い以外にカウンセリングを行う」等と変更する場合もある。そのため、早期に占いサイトのホームページおよび規約の全ページを、印刷やスクリーンショットにより証拠化しておくことが重要である。

2　ユーザーとサイトがやりとりしたメールの内容

　ユーザーがサイトから受信したメールの内容を精査することも重要である。

　通常のサクラサイトと同様の枠組みを主張する場合は、メール内容が不自然・不合理であることを示すため、特にメールの保存が重要となる。サイトがユーザーに対して意味のない単語の返信を求める内容などは、ユーザーからポイント代を徴収するための行為にすぎないと主張すべきである。

　また、占い師による占いをするように装ったことを主張する場合においては、ユーザーがサイトから受信したメールにおいて、占いをするような表示がなされたかどうかを確認すべきである。占いサイトによっては、メール自体は物語調の文章であったりして一見占いを行う旨の表示であるといいにくいメールもあるが、サイトのホームページに占いを行うサイトである旨が表示されていれば、サイトの表示を全体として評価すれば、そのようなメールもユーザーに対して占いをするように装うメールと主張すべきである。さらに、ユーザーがサイトに対して単語を送信してから、極めて短時間でサイトから長文の占いのメールが返信された場合には、占いなど行っていないと主張することも考えられる。

　社会的相当性の逸脱の主張においては、ユーザーの目的を達成できるよう

に信じさせるような表示のメールがあるかを確認すべきである。

　また、占いサイトに固有の構成をとる場合には、サイトから、「この世界で当該ユーザーのみに特別に幸せになるチャンスが訪れている」等と、当該ユーザーのみを対象として個別の占いを行っている表示があるか、さらに、他のユーザーにも同じような当該ユーザーのみを対象として個別の占いを行っている表示をした内容のメールが届いているかを確認すべきである。

3　サイトから他のユーザーへほぼ同内容のメールが送信されている事実の立証

(1)　他のユーザーや他のアカウントで受信したメール

　前述のとおり、占いサイトにおいては、当該ユーザーのみに幸福が訪れると表示しながら、他のユーザーにもほぼ同一内容のメールを送信している場合があるので、各地の弁護団の弁護士などと連絡をとって同一の占いサイトや同一の業者のメールの収集を検討すべきである。また、アカウントを変更し、再度サイトを利用して占いメールを収集することも検討すべきである。

　なお、サイトの占いのメールについては、ほぼ同一の内容のメールだけでなく、占いのメールの本文の前半と後半を入れ替えて新しい占い結果のメールとしたり、全く別の2つの占いメールの本文を合体して1つの占い結果のメールを作成したりする場合も多い。このような場合も、サイトが占いを行っていないという証拠になるので、注意して確認するとよい。

(2)　PIO-NET情報

　独立行政法人国民生活センターに対して弁護士法23条の2に基づく照会を行うことで、占いサイトや占いサイトの事業者に関して、全国の消費生活センターに消費者から相談の寄せられた情報（PIO-NET情報）を取得することができる。PIO-NET情報により、多くのユーザーに対して、ほとんど同一内容の占い結果のメールが送信されている事実が確認できる場合がある。

(3)　占いサイトに関するクチコミサイト

　占いサイトに関するクチコミサイトの中でも、ほぼ同一の内容の占いのメールが複数のユーザーに送信されていた事実が確認できる場合がある。クチコミサイトによっては、依頼者が受信した占いサイトからのメールとほとんど同一内容のメールがコピー・アンド・ペーストして掲載されている場合もある。

(4)　同一業者の運営する他のサイトのメールの確認

　業者によっては、複数の占いサイトを運営していることがあり、しかも複数の異なる占いサイトにおいて、別々のユーザーに、ほとんど同一のメールが送信されていることがある。そこで、当該サイトを運営している業者の他の占いサイトの内容のメールも確認することが有益である。その方法としては、各地の弁護団の弁護士に問い合わせたり、各占いサイトに関するクチコミサイトを検索してみたりする方法が考えられる。

4　占い師の特定に関する事項についての釈明

　前記Ⅲ2の違法性（詐欺）については、その被害者のための鑑定が行われていないことやその占い師が不存在であることが理由となっている。前者については前記3による立証となるが、後者については業者に釈明を求めることになる。単に、その占い師を騙る人が実在するのではなく、そのプロフィールを騙る占い師の存在である。プロフィールの経歴等は、客観的な事実であり、そのプロフィールが虚偽であれば、そのプロフィールの占い師は不在ということになる。前掲・岡山簡判令和4・5・31を参照されたい。

　なお、求人サイトなどの口コミからも、その占い師が存在しない、あるいは占いをしていないことをうかがわせる投稿が見つかることもある。

152

5　占いサイトの仕組み

　占いサイトによっては、1回のメールの返信について1800円の費用を要すると表示しているが、1つの占いが終了し結果を得るまでに何回もメールの送信を求めるものがある。

　このような場合、ユーザーに対して、事前に何回メールを返信する必要があるかが明らかにされていないことが多い。

　このようなサイトにおいては、事前にユーザーが1回の占いにいくらを要するのかが明らかでない点を指摘し、サイトがユーザーに対して占い費用のために多額の金銭を支払わせることのできる仕組みであることを主張すべきである。

　さらに、通常のサクラサイトと同様に、占いサイトにおいても、ユーザーの占い費用の支払いやポイント代の支払いにより、占いサイトのみが利益を得ていることを指摘すべきである。

6　業者の求人情報・口コミ情報

　現在あるいは過去の業者の求人情報をインターネットで検索すると、複数のユーザーに対して類似した内容のメールを送信していると思われる編集ライターを募集する求人が掲載されている場合がある。また、編集ライターを募集しながら、占い師の求人が全くない場合もある。

　また、最近では、サイト運営業者が、業務を外部に委託していると主張する場合がある。その場合には、業務を受託している業者がわかれば、その会社の求人情報や口コミ情報が参考となる。

第6章

国際ロマンス詐欺に関する
具体的解決方法

I　国際ロマンス詐欺とは

　近時、マッチングアプリやSNSなどで知り合った外国人を名乗る相手から、好意を装いながら、投資や支援などの名目で、金員を騙し取られてしまう、いわゆる国際ロマンス詐欺の被害が急増している[13]。近年は、ロマンス要素がなく、投資被害的な側面の強い事例も多い。

　典型例としては、マッチングアプリなどから、LINEを使った個別のやりとりへと誘導され、LINE上で逐一指示されながら、海外の投資サイトへ登録させられるとともに、元本や手数料として、銀行口座への振込みや暗号資産の送金を求められるというものである。

II　国際ロマンス詐欺被害の特徴

　国際ロマンス詐欺被害は、送金後、次々と追加の配当条件を提示される一方、配当はほとんどなく、連絡もとれなくなるのが通常であるため、サクラサイト被害や占いサイト被害と比較して、詐欺性、不法行為性は明らかなケースがほとんどである。

　また、サクラサイト被害および占いサイト被害においては、運営会社の情報自体は明らかな場合が多いことに比べ、国際ロマンス詐欺においては、（少なくとも表面上は）加害者は個人であり、住所や本名が明らかでなく、連絡ツールから追跡をしても、加害者やその関係者がすべて海外であり、加害者の特定が困難なケースがほとんどである。

13　独立行政法人国民生活センター「愛のギフトを受け取ってほしい！？──それってもしかして『国際ロマンス詐欺』？」（令和2年2月13日）〈https://www.kokusen.go.jp/pdf/n-20200213_2.pdf〉。

　これに、加害者への送金手段が暗号資産であるものも多いことも相まって、国際ロマンス詐欺被害において専ら問題となるのは、具体的な回収方法である。

Ⅲ　回収方法

　国際ロマンス詐欺被害は、送金方法に着目して、主に、①銀行振込型と②暗号資産型[14]に分かれる。以下、それぞれの回収方法について解説する。

　なお、両型共通の回収方法として、マッチングアプリ、SNSおよびLINEの登録情報から、加害者を特定する方法があるが、この点についてはコラム「相手方特定のための弁護士会照会の活用事例」（55頁）を参照されたい。

1　銀行振込型

　日本国内の銀行口座への振込みがほとんどであり、基本的に、サクラサイト被害における回収方法と同様である（第4章Ⅱ1参照）。

　国際ロマンス詐欺事案における口座提供者の責任を認めたものとして、静岡地判令和5・3・17判例集未登載がある（訴訟物を不当利得返還請求として、過失相殺を防いでいる点に特徴がある。詳細はコラム「国際ロマンス投資詐欺と騙取金弁済！？」（164頁）を参照されたい）。また、名古屋地判令和4・10・25消費者法ニュース134号150頁も参考になる（振込額を超えて被害額全体の賠償責任を肯定している点に特徴がある）。

14　暗号資産の概要については、第3章Ⅴ8を参照されたい。

2　暗号資産型

(1)　追跡の必要性

　暗号資産においては、取引ごとに取引ID（トランザクションID）が振られており、取引履歴がインターネット上に公開されている。そのため、これを見れば、送金元アドレス、送金先アドレス、送金日時、送金した暗号資産の種類および金額等がわかる。

　しかし、口座番号と銀行名がセットになっている銀行口座とは異なり、暗号資産の場合、アドレスの記載自体からは、どの暗号資産交換業者（暗号資産およびウォレットを管理する会社（資金決済法2条16項））が管理する、誰のアドレスかはわからない（中には「アンホステッドウォレット」[15]も存在している）。そのため、アドレスがわかっていても、直ちには名義人の特定に結びつかない。

　また、被害者のアドレスから直接送金された先のアドレスが、暗号資産交換業者が管理しているものであることは少なく、暗号資産交換業者が管理するアドレスに行き着くまでの間に、いくつかのアドレスを介在させている場合がほとんどである。そのため、暗号資産取引を追跡し、暗号資産交換業者が管理するアドレスを見つける必要がある。以下、暗号資産交換業者が管理しているアドレスの名義人に対し責任追及をすることを念頭に置き、名義人の特定までの流れについて説明する。

　ただし、国際ロマンス詐欺の場合、送金先アドレスから追跡した先のアドレスが、海外の暗号資産交換業者と紐づいているケースが多く、このような場合、海外の暗号資産交換業者からの回収は、現時点では困難といわざるを

15　「アンホステッド・ウォレットとは、暗号資産交換業者を介さずに利用者自らが管理するウォレットを指す。一方、ホステッド・ウォレットとは、暗号資産交換業者等が管理するウォレットを指し、ユーザーは業者を介して暗号資産の移転処理等を行う」。（「FATF「改訂版暗号資産ガイダンス」〈https://www.fsa.go.jp/frtc/kikou/2021/20220104_FATF.pdf〉）。

得ず、今後の大きな課題である。

　(2)　追跡の２段階

　暗号資産交換業者が管理するアドレスの名義人情報を得るまでの流れは、以下のとおりである。

　①　暗号資産交換業者が管理するアドレスを特定する。

　②　そのアドレスを管理する暗号資産交換業者に弁護士法23条の２に基づく照会（以下、「弁護士会照会」という）をかけ、名義人情報を入手する。

　(3)　暗号資産の種類と追跡ツール

　暗号資産の代表例としては、ビットコイン（BTC）、イーサリアム（ETH）、リップル（XRP）などがあげられる。

　それぞれに対応する無料の追跡ツール（前記(2)①が可能なもの）として、たとえば以下のものがある。

・ビットコイン対応

　BassetExplorer　https://basset.ai/　※現在休止中

　wallet explorer　https://www.walletexplorer.com/

・イーサリアム対応

　Etherscan　https://etherscan.io

・ビットコイン・イーサリアム対応

　Bitquery　https://explorer.bitquery.io/

　BLOCK CHAIR　https://blockchair.com/ja

・リップル対応

　xrpscan　https://xrpscan.com/

　上記の暗号資産のほかにも、テザー（USDT）など、イーサリアムと規格が共通する暗号資産が用いられることがあるが、その場合にも、イーサリアム

対応の追跡ツールを利用することができる。

⑷ 各追跡ツールに共通する基本的な追跡方法

各追跡ツールによって仕様の差はあるもの、基本的な追跡方法は、以下の
とおりである。

① 被害者のウォレットのマイページから、被害者のアドレス、入金履歴・
　送金履歴を確認する。

② 追跡ツールに、被害者のアドレスを入力する。

③ 取引一覧が表示されるので、その中から、①と照らし合わせて、問題
　となる取引を見つけ、その送金先の取引履歴を確認する。

④ その中から、被害者との取引と、時間的・金額的に近い取引を見つけ、
　その送金先の取引履歴を確認する。

⑤ 以後、③および④を繰り返して、取引の過程の中で、暗号資産交換業
　者との紐づけがあるアドレスを見つける。

⑥ そのアドレスを管理している暗号資産交換業者を確認する。

なお、BassetExplorerやBitqueryなど一部のツールにおいては、各取引が
図表で表れるようになっており、視覚的に確認することが可能となっている。

⑸ 暗号資産交換業者に対する弁護士会照会のポイント

追跡により暗号資産交換業者が管理するアドレスを特定することができた
場合、次に、当該アドレスを管理する暗号資産交換業者に対し、弁護士会照
会により、名義人情報を明らかにするよう求めることとなる。

なお、この点、海外の暗号資産交換業者である場合には、その追跡が困難
であることは、上記で述べたとおりである。

詳細は書式例（【資料12】）に委ねるが、ポイントは、以下のとおりである。

① トランザクションIDを特定すること　　送金先として表示されてい
　るアドレスは、業者名義の取引用アドレスであり、内部の顧客名義のア
　ドレスと結びつけるためには、トランザクションIDが必要である。

②　管理する暗号資産交換業者が判明したアドレスだけでなく、それまでに経由したアドレスについても、開示依頼対象とすること

③　照会を求める理由については、基本的な用語や仕組みから丁寧に説明すること

　弁護士会の弁護士会照会担当者が、必ずしも暗号資産に明るいわけではないため、暗号資産の取引履歴が公開されていること等、基本事項から追跡経過を説明するべきである。なお、筆者が確認している限り、埼玉、東京、神奈川県、愛知県の各単位会において、照会実績がある。

　関東弁護士会連合会の調査によると、[16] 多くの暗号資産交換業者は弁護士会照会に応じているものの、一部の業者は弁護士会照会に応じていない。しかし、金融庁「事務ガイドライン第三分冊：金融会社関係」においても、暗号資産交換業者に対し、法令等遵守（コンプライアンス）態勢として、「暗号資産交換業に係る取引の不正利用に関する裁判所からの調査嘱託や弁護士法に基づく照会等に対して、個々の具体的事案毎に、暗号資産交換業者に課せられた守秘義務も勘案しながら、これらの制度の趣旨に沿って、適切な判断を行う態勢が整備されている」ことが求められているのであり、積極的に弁護士会照会に応じるよう働きかけるべきである。

Ⅳ　現状と今後の課題

　現状、銀行振込型においては、従来と同様の手法により、口座提供者への責任追及などにより、解決事例がみられるところである。

　これに対し、暗号資産型については、追跡先のアドレスが、国内の暗号資産交換業者が管理するものか、国外業者が管理するものかによって、解決可

16　関弁連発第118号「暗号資産交換業者に対するアンケート結果の送付について」（2022年7月13日）。

能性に差がある。

　まず、国内事案においては、上記過程により、解決が可能である。実際、国際ロマンス詐欺事案ではないものの、上記追跡過程により、送金先アドレスから辿った先のアドレスにある暗号資産の仮差押えを認めた東京地決令和3・12・27判例集未登載がある。

　一方、国外事案においては、現状、弁護士会照会では名義人情報が判明せず、警察当局からの照会が必要であるなどとされており、解決が困難となっている。解決に向け、各行政機関との連携や立法提言などの活動が必要である。

コラム　　国際ロマンス投資詐欺と騙取金弁済！？

　マッチングアプリで知り合った相手や、FacebookやInstagramといったSNSを通じて知り合った相手からLINEに誘導され、親密な関係になったと思い込まされているところに、架空の投資話をもちかけられて、多額の現金や暗号資産を騙し取られるという被害が後を絶たない。被害に遭われた方のLINEを見せてもらうと、相手から届いているメッセージが明らかに不自然な日本語であり、また、指定口座が外国人名義であることも多いため、国を跨いだ組織的なグループの関与が指摘されている。

　現金振込みで被害に遭うケースでは、振込先に個人名義の口座が指定されることが多く、振り込め詐欺被害救済法の預金凍結が有効な場合がある。残高があるとわかった場合には、まずは銀行から口座名義人の情報開示を受け（弁護士法23条の2に基づく照会）、仮差押え、本訴提起、本執行という流れで口座から回収を図ることは、サクラサイト被害事件と共通する。

　ところが、やや特殊な国際ロマンス投資詐欺の事案で、先に警察が凍

結していた口座名義人の法人に対して訴訟を起こしたところ、「売掛金の一部として受領したもので、被害者は買主の履行補助者である」という抗弁が出てきて争いになり、判決まで至った案件がある（静岡地判令和５・３・17判例集未登載。全額認容。控訴中）。

　事案としては、Facebookで知り合った香港のスポーツくじ管理会社で働いているというＡから、偶然を装ってキャリーオーバーのお金を海外の出資者たちに当選させるよい話があるので出資しないかともちかけられた被害者が、宝くじの購入代金、当選金受領のための保証金といった名目で、７つの預金口座（うち１つは海外の銀行に直接送金）に17回に分けて3400万円余りを振り込んでしまったというものである。
国内の６つの預金口座のうち２口座の名義人からは全額任意返金してもらい、２口座については振り込め詐欺被害救済法の被害分配金手続で一定額を回収し、１口座は残高がなく手続に乗らなかったので、１社に対してのみ振込金額約700万円の返還を求める不当利得返還請求訴訟を提起した。

　不当利得構成としたのは、任意返還などで回収していた部分が結構あり、不法行為構成にすると「過失相殺→損益相殺」によって極端に金額が少なくなる可能性があったこと、詐欺構成としても取消しの意思表示の相手方がどこの誰か全くわからなかったこともあって、公序良俗違反をもち出して出資契約・振込みは無効だから不当利得になると構成した。

　被告からは、上記の①履行補助者による有効な弁済だとの抗弁に加えて、②違法な投資話に関与した原告にも不法な動機があり不法原因給付にあたるという抗弁が出され、さらに裁判官からは③「騙取金弁済の問題ではないのか」と疑問が呈された。

　上記静岡地裁判決は、①については、「本件振込が本件欺罔行為に基づくものであり、同欺罔行為が、訴外Ａが、原告に対し、本名や住所等

163

の追跡可能な情報を秘したまま、SNSを通じて原告に恋愛感情を抱か
せ、同恋愛感情に乗じて虚偽の投資話である本件計画の存在を誤信させ
て原告に振り込みをさせて繰り返し多額の金銭を詐取することに向けた
計画的な欺岡行為であり、訴外Ａによる詐欺の核心的内容であると認め
られることに照らすと、訴外Ａと原告の上記合意は、公序良俗に反する
無効な合意である」としたうえで、「原告と被告との間に本件振り込み以
前に面識も取引関係もなかったこと、訴外Ａ又は訴外会社から原告に対
して本件振り込みが訴外会社の被告に対する売買代金の第三者弁済であ
る旨の説明がされた事情は見当たらないことからすると、原告が訴外会
社の被告に対する債務を第三者弁済する意思で本件振り込みを行ったも
のと認めることはできない」として、履行補助者の抗弁を排斥した。被
告側の履行補助者であるとの立証は、素性のよくわからない外国法人の
証明書と翻訳文だけであった。

　また、②については、「本件計画が実在しないこと、原告が訴外Ａに
よる計画的詐欺の被害者であることは前記のとおりであるうえ、原告が
誤信した本件計画の内容がスポーツくじを管理する本件管理会社がその
意思に基づき原告を含む者を当選者に決定して当選金の一部を分配する
というものであるものの、当選者の決定方法や分配手続の内容、他の購
入者の有無や規模等の具体的な内容は明らかとはいえないことに照らす
と、原告の本件振り込みが不法な動機に基づくものとまで認めることは
できない」とした。不法に関与したといっても、原告はあくまでも詐欺
被害者であり、ここでは首謀者のほうが圧倒的に悪いのであるから当然
の結論である。

　そして、③については、「本件は、被害者である原告が第三者である
被告に直接金銭を振り込んでいる点で騙取金による弁済とは事案を異に
するものであるし、……被告は、訴外会社から第三者名義である原告名

義で代金の一部の支払を受ける旨の連絡を受けたものであるから、他人
名義の支払が弁済として有効となるのか否かについて、犯罪被害者から
の給付の受け皿として利用され資金洗浄等に加担する結果となる危険な
どを排除する観点からも、原告が取引先に代わって同代金の一部を支払
う理由等について確認をするのが当然であるにもかかわらず、何ら確認
をしないまま受領したものであって、被告には本件振込を弁済として受
領したことに重過失があると認められる」として、騙取金弁済の事案で
はないが、仮にそうであるとしても、最高裁判決の理屈によっても被告
に重過失があるので結論を左右しないとしている。

　被害者が、個人名義の口座に投資資金を送金すること自体が不自然な
のであるが（これは被害者にも強く言い聞かせるところである）、反対
に法人間取引における個人名での入金については、口座利用犯罪が横行
する中、法人の側でも入金の趣旨をしっかりと確認する必要があるとい
うことまでも示す、現実を踏まえた妥当な判決だと思う。

（靏岡寿治）

165

第7章

今後の課題

~被害予防のために、運営会社が海外の
出会い系サイトは利用しない！~

I　海外サイト

1　海外サイトとは

　ここで「海外サイト」とは、サイト運営業者の「住所」が海外にあると称しているものである。実際に、その実体が海外にあるか否かは、不明である。

　海外サイトの住所は、世界中に散らばっている。アメリカ、カナダ、シンガポール、マーシャル諸島共和国、イギリス領ヴァージン諸島、フィリピン、アンギラ、セーシェル共和国、香港、その他の国もある。

　ちなみに、住所をみると、「P.O.BOX」と書かれているものがあるが、これは、post office boxすなわち私書箱のことであり、会社の住所が実態としてそこにあるとはいえないものである。ただし、そこに日本語の手紙を送ると、なぜか、連絡が来ることもある。

2　海外サイトの実態

　サイト上の表記では、海外サイトの運営者（社）、運営責任者は、横文字で表記され、日本人らしき名称は見あたらない。

　しかし、たとえば、海外サイトでありながら、振込先が日本国内の銀行口座であり、その銀行口座の名義人が日本の法人名義であり、口座凍結後、その法人の代表者に質問すると、入金したお金を集金に来るのは日本人、ということもあった。また、決済代行業者から連絡をしたところ、日本国内の弁護士が代理人として現れる、ということもあったし、なぜか日本法人の代理人として被害弁償をしてきたケースもある。ほかにも電話をすると、日本語を流暢に話す日本人と思われる人間が対応することがあったり、決済代行業者が答える海外サイトの連絡先電話番号は、日本国内であることもある。

168

その意味で、サイトの運営者が外国法人、外国人だというのは、表面的なことで、実態は日本国内にその本拠があるのだと考えられている。

3　海外サイトへの送金

海外サイトといっても、送金については、国内のサイト運営業者と変わるところはない。多くは、決済代行会社を通している。

クレジット決済の場合、国内サイト運営業者であれば、クロスボーダー違反（アクワイアラーが契約できる加盟店は、そのアクワイアラーが所在する地域の店子に限られ、アクワイアラーが所属国の違う店子と加盟店契約を締結すること）の問題となるが、海外サイトの場合、アクワイアラーの所属国、サイト業者の所属国によっては、クロスボーダー違反となる。海外サイトで、国内の決済代行を使う場合には、クロスボーダー違反を問うことが考えられる。

電子マネーでの支払いについても、国内の電子マネー会社が、海外サイトと加盟店契約を締結していることはなく、決済代行業者が、加盟店と同等の地位を占めることになると考えられる。

国内の銀行口座への送金であれば、実質は集金代行であるが、銀行口座の名義貸しと類似している。

4　法律の適用

(1)　特定商取引法（通信販売）の適用

サクラサイトは、特定商取引法上の通信販売に該当し、海外サイトであっても、日本向けに通信販売を行う以上、特定商取引法11条以下の適用を受ける。具体的には、広告における役務の内容等の表示義務（同法11条）、誇大広告の禁止（同法12条）、承諾を得ない電子メールによる広告の禁止（同法12条の4）などである。

169

(2)　出会い系サイト規制法の適用

出会い系サイト規制法7条は、「インターネット異性紹介事業を行おうとする者は、国家公安委員会規則で定めるところにより、次に掲げる事項を事業の本拠となる事務所（事務所のない者にあっては、住居。第3号を除き、以下「事務所」という。）の所在地を管轄する都道府県公安委員会（以下「公安委員会」という。）に届け出なければならない」としており、「事務所」とは、名称の如何を問わず、当該事業活動の中心である一定の場所であるから（福田正信ほか『逐条出会い系サイト規制法』29頁）、表記上は海外でも、国内に事業活動の本拠がある場合には、公安委員会への届出が必要となり、届出がない場合は同法違反として罰則（同法32条1号）の対象となる。

(3)　電子マネーでの支払いへの資金決済法の適用

プリペイド型（前払式）電子マネーでの支払いについては、電子マネー発行会社に対し、資金決済法が適用される。詳細は、第4章III4(2)(E)(b)を参照されたい。

(4)　割賦販売法

クレジットカードによる決済については割賦販売法の適用を受ける。詳細は、第4章II2(2)(B)を参照されたい。

(5)　会社法

外国法人であっても、日本語のサイトを運営し、日本国内の在住者を相手として取引を継続しているのであるから会社法第6編の「外国会社」に該当する。このため、外国会社としての登記を要し、日本に住所を有する者1名以上を日本における代表者として定めなければならない。

5　海外サイトとの交渉

海外サイトとの交渉においては、海外サイトの実態が不明であるため、海外サイトに手紙を出して交渉するとか、電話で交渉する、ということは勧め

ない。

　決済代行会社を介して送金されるのが一般的であるから、まずは、決済代行業者に解決を求めるべきである。そもそも、海外サイトの決済を日本国内の決済代行業者が中に入ってカード利用を可能にするという取引の内容自体が不合理かつ不透明である。海外サイト業者と契約している決済代行業者は法的に返金義務を負うと考えるべきである（詳細は、第4章Ⅲ4(2)参照）。

⊐ョム　　海外事業者の法人登記がない事例

　サクラサイト被害事件では、特定商取引法の記載上サイト運営会社が海外の事業者となっていることがほとんどなのに、サイトはすべて日本語でつくられており、運営とのやりとりも日本語でできるため、本当にサイト運営会社は海外に存在しているのか疑問に思ったことはないだろうか。

　とあるサクラサイト被害事件で、決済代行業者の加盟店審査義務違反の有無が争点になったため、海外の事業者の登記情報を実際に調査したことがあった。その海外の事業者は香港にあったところ、香港の法人はネット上で登記情報を無料で検索できるシステムがあるので使用し、その存在を確認できたものについて渉外事件を扱っている司法書士に依頼して登記事項証明書を取得した。費用は翻訳文なしで1社あたり約8万円かかった。その調査の結果、加盟店契約をした海外の事業者が契約書に記載していた住所や代表者名での登記が現在も過去にも存在しないことが判明した。

　また、別の機会にイギリス領ヴァージン諸島の事業者の登記情報を調べることもあった。あまり聞きなれない国ではあったが、上記で依頼した司法書士がこの国の登記も扱っていたため、1社あたり翻訳文つきで

約2万5000円で取得することができた。調査の結果、上記同様に契約書に記載されたとおりの住所や代表者名での登記が存在しないことが判明した。

　以上のとおり、海外の事業者が実際に存在しなかったことを確認した事例や海外の事業者の登記取得費用の例は少ないと思われるので報告させていただいた。

（元島亮典）

II　二次被害
——被害救済を求めるなら、弁護士と面談してから依頼しよう

1　状況と問題点

　いうまでもなく、弁護士や認定司法書士（認定司法書士は、140万円までの被害に限る）でない者が、サイト被害において相手方と交渉すること、被害を取り戻すことは、弁護士法72条違反となる。実際にも、弁護士や認定司法書士でない者が被害者の代理人として交渉してもスムーズに返金がされることはまずない（行政の消費生活センターのあっせん交渉は、これとは別である）。

　しかし、インターネットで「出会い系サイト被害」、「サクラサイト被害」を検索すると、検索画面の上位に、被害回復ができると誤信させるいわゆる調査会社や探偵業者、時には行政書士のウェブサイトが表示される。中には、行政の「消費生活センター」や「国民生活センター」と誤信させるような表記のものまである。実際、サクラサイトというインターネットの中で被害に遭った人たちは、インターネットの中で、自分が騙されているのかを調べ、騙さ

れていることがわかると、インターネットの中で救済してくれる人や会社を探し、そして、検索上位に表示される業者を信頼し、サクラサイトで被害に遭ったと同様、依頼する相手に会うことなく、被害救済を依頼し、代金を払ってしまう。

後から送付される契約書を見ると、彼らが請け負った仕事の内容は、調査に限るとされたうえで、実際には誰でもとれる法人の登記事項証明書の取寄せにすぎなかったり、交渉業務は含まれないと記載されているにもかかわらず、電話口では、依頼されれば、被害回復が容易であるかのような説明や依頼しないとより大変な事態が生じるなど嘘を織り交ぜながら勧誘されることも多い。

これは、いわば、二次被害である。

2　違法性

(1)　景品表示法違反、特定商取引法違反の可能性

被害救済ができないにもかかわらず、被害救済ができるかのような広告を出すことは、景品表示法上の優良誤認表示（同法 5 条）に該当したり、特定商取引法の通信販売に関する誇大広告の禁止の規定（同法12条）に違反し、罰則もある。

(2)　弁護士法違反の可能性

被害回復の交渉を代理受任することは、前記のとおり、弁護士法72条に違反する。

(3)　詐欺の可能性

そもそも、自らが代理人として交渉すらできないのに代理人として被害救済が可能であると誤信させて契約をすることは、民事上も刑事上も詐欺に該当する（実際にも平成29年 4 月10日には、京都府警が調査会社を詐欺容疑で逮捕している報道もなされている）。

⑷　その他

　被害救済が可能であるかのように偽った広告（ウェブサイト）によって電話をかけてきた被害者に対して、さらに被害救済ができるかのように勧誘したり虚偽の事実を向けて勧誘したりした場合には、特定商取引法の電話勧誘販売などに該当する可能性もある。この場合には、クーリング・オフの主張をすることも考えられる。

3　二次被害の救済

⑴　探偵業者に対する関係

　悪質な探偵業者による被害については、①弁護士でない者が報酬を得る目的で法律事件に関して法律事務を扱うことはできないと規定する弁護士法72条に違反するとして当該探偵業者の被害者への不法行為責任を認めた裁判例（東京簡判平成29・1・28判例集未登載）、②当該探偵業者には被害者の受けた一次被害を解決する能力も権限もないのにそれがあるかのように偽って被害者を欺き誤信させ契約をさせたことをとらえて詐欺にあたるとして当該探偵業者と被害者との探偵契約の取消し（民法96条1項）を認めた裁判例（さいたま簡判平成29・3・21判例集未登載）などがある。

　探偵業者による二次被害は、一次被害に遭ってわらをも掴みたい被害者心理に付け込んでさらに被害を拡大させるものであり、到底許すことはできない。1件ごとの金額は少ない場合も多くあるが、今後の被害防止のためにも、積極的に取り組んでいく必要があるとともに、このような勧誘に消費者が騙されないための積極的な情報提供が望まれる。また、現在の調査会社に対する規制は、これらの被害防止には不十分であるので規制の強化が検討されるべきである。

⑵　弁護士による二次被害

　インターネットの「サイト被害」などの文言でウェブサイト等の検索をす

ると、私たち被害者側代理人がたびたび、サイト運営業者側の代理人とし
て対峙する弁護士やその弁護士が所属する法律事務所が、サイト被害救済を
大々的に宣伝しているのを目にする。正面から違法性を問うことは難しいが、
このような弁護士が真に被害者側に立って被害救済を図っているのか、私た
ちとしてはにわかに信じがたい面がある。

　実際に、サイト被害救済のリーディングケースとなった東京高判平成25・
6・19判時2206号83頁も、ウェブサイトでサイト被害救済を掲載していた
法律事務所（サクラサイト被害全国連絡協議会とは無関係の事務所）が代理人と
して杜撰な訴訟行為を行ったため、1審で敗訴となったものを各地の弁護士
の連携で東京を中心に弁護団を結成し、勝ち取ったものである。

　サクラサイト被害全国連絡協議会としては、被害回復方法について広く、
多くの弁護士および認定司法書士に情報提供をしていくことに努めるととも
に、ウェブサイトの充実などにより、被害者がより適切な救済機関とつなが
れるような情報提供の方法を検討している。

　また、特にロマンス詐欺については、東京弁護士会が、弁護士の広告につ
いて、「被害回復は現実には難しく、多くの場合、被害を全く回収できないか、
ごく少額の回収にとどまることが多いのに、弁護士に依頼すれば高額の回収
が確実であると誤信させるような弁護士業務広告をしていたケースも散見」
されているとの注意喚起をしているほか、各地の弁護士会でも、同様の注意
喚起がなされており、[17] 被害者としては、依頼する弁護士が適切な対応をし
てくれるのかも含め、十分に注意をする必要がある。

17　東京弁護士会「国際ロマンス詐欺案件を取り扱う弁護士業務広告の注意点1・2」
　〈https://www.toben.or.jp/know/iinkai/hibenteikei/〉、第一東京弁護士会「ロマンス投資
　詐欺案件を取り扱う弁護士に依頼するにあたってのご注意」〈https://www.ichiben.or.jp/
　news/oshirase/news/2023051725252.html〉、千葉弁護士会「国際ロマンス詐欺案件を取り
　扱う弁護士業務広告の注意点」〈https://www.chiba-ben.or.jp/news/2023/000727.html〉、
　第二東京弁護士会「国際ロマンス詐欺その他投資詐欺案件の依頼にあたってのご注意」
　〈https://niben.jp/news/ippan/2023/202310043940.html〉。

Ⅲ　法改正の必要性

1　多様化する決済方法に関する適切な規制の必要性

　出会い系サイトなどの被害を拡大させているのは、過去のクレジット被害と異なり、直接的には国内の割賦販売業者ではない。クレジットカードにおいては、第 3 章Ⅱ 3 、Ⅵで指摘したとおり、VISA、Mastarcard、JCB などの国際ブランドの決済システムに脆弱な加盟店審査しか行わない海外アクワイアラーと契約している国内外の決済代行業者である。

　また、第 3 章Ⅴで指摘されているように、その決済方法はさらに多様化している。

　根本的な問題は、サクラサイト運営業者のような詐欺業者がこのような決済システムを容易に利用できてしまっている状況である。

　イシュアーやアクワイアラーさらには国際ブランドなどは、この多様化する決済システムの中で利益享受する者として、悪質な詐欺業者排除の責任を負うべきである。また、詐欺業者による被害が発生した場合にも、直接的な故意や過失の有無にかかわらず、一定の被害救済を図る責務があるはずである。

　このような観点から、将来的には多様化する決済方法に共通して決済システムの設定者や利用事業者について新たな規制が検討されるべきである。

2　電子マネー業者に対する規制

(1)　はじめに

　前払式の電子マネー業者は、資金決済法の適用を受ける。資金決済法は平成28年に改正され、平成29年 4 月 1 日から施行されている。平成28年改正

はそのほとんどが仮想通貨（暗号資産）に関する規制等の改正であり、電子マネー業者の加盟店管理責任などはガイドラインにとどまっているのが現状である。

　しかし、前記１のシステム責任論の観点以前に電子マネー業者は自ら発行する電子マネーが詐欺業者に利用されるのを防ぐために電子マネーを決済に利用する事業者について管理監督する責任があるというべきであり、資金決済法の明文においてこのことをより明確化すべきである。

(2)　譲渡型電子マネーに関する規制

　電子マネーには、電子的な譲渡移転が可能なものがあり、大きくは、残高譲渡型（発行者が管理する仕組みの中で、アカウント間での電子マネーの残高譲渡が可能なもの。具体的には、アプリにログインするなどして、残高を別のアカウントに送ることができるものなど）と番号通知型（IDとかコードなどと呼ばれる番号等を通知することにより、電子的に価値の移転ができるもの。コンビニエンスストアで購入できる「○○カード」が典型である）がある。

　電子マネーは、原則として利用者に対する払戻しが行えないこと等を背景として、以前は、銀行や資金移動業者と異なり、前払式の電子マネー発行業者には犯罪による収益の移転防止に関する法律上の取引時確認（本人確認）義務が全く課されておらず、資金決済法上、利用者ごとの発行額の上限も設けられていなかった。しかし、特殊詐欺等において、電子マネーの不正利用がみられたことなどから、令和４年の資金決済法改正により、「高額電子移転可能型前払式支払手段」（高額とは、１回あたりの譲渡額・チャージ額が10万円超もしくは１カ月あたりの譲渡額・チャージ額が30万円超の場合をいう）については本人確認が義務づけられることになった（施行：令和５年６月１日）。

　サクラサイト等の被害事案において電子マネーが利用された場合、これまでは、決済代行業者が入って決済される直接決済型（第３章Ⅲ３(1)）が多く、決済代行業者との交渉により被害回復される事案が多かったが、最近では、

番号通知型電子マネーによって決済されるケースが増加している。このような状況に鑑みれば、上記資金決済法の改正は、サクラサイト被害の救済にとっても一歩前進とは考えられる。しかし、番号通知型電子マネーによって決済が行われた場合、総額では高額となる被害であっても、少額の電子マネーにより多数回の決済がなされ、それぞれがRMT業者（転売業者）等を介して、複数の者に移転されれば、「高額電子移転可能型前払式支払手段」に該当しないとされ、本人確認が義務づけられない可能性がある。また、そもそも最終的に電子マネーの価値の移転を受けた者がサクラサイト被害とは無関係な者である可能性も高く、その場合は、その者についての情報が得られたとしても、支払先であるサクラサイト等の運営業者の特定ができず被害回復も図れない。

　クレジットカードや銀行振込みなど他の決済手段の規制が厳しくなれば、サクラサイト運営業者など悪質業者は、より緩い規制しかない決済手段を利用するようになることは自明である。電子マネーは、現実には譲渡・移転が可能になっている以上、他の決済手段の規制と同程度の規制を行うべきである。具体的には、後述するように、RMT業者に対して本人確認義務を課すこと、さらには、番号通知型電子マネーの発行は認めず、発行から利用まで発行者の管理下にある残高譲渡型電子マネーの発行のみを認め、その際もアカウント作成時の本人確認を義務化するなどの方策をとるべきであろう。

3　RMT業者の規制

　また、譲渡型の電子マネーを利用した詐欺を防止する観点からは、インターネット上で跋扈する電子マネーの買取り・転売業者（RMT業者）やその仲介を行う業者に本人確認義務を課すか、また、そのような行為そのものを禁止するなどの規制も検討されるべきである。この規制を従来の古物営業法の中で行うか特別法が必要かなどについても具体的に議論されるべきである。

178

4　プラットフォーマーの規制

サクラサイトや、情報商材については、サイト運営者のみならず、その決済に関与した者の責任を追及することが、被害回復のための手段として、従前から、検討が進められてきている。

しかし、特に、情報商材については、その取引に関与する者として、決済関係者のみならず、情報商材の取引の場を提供する、いわゆる「プラットフォーマー」が、その被害拡大に大きく寄与しているのが現状であるといわざるを得ない。

その関与の度合いは、さまざまありうるが、①取引の場の提供、②情報商材の広告への関与、③決済代行業務の実施、などの各要素が複合的に絡み合っている。

この点、プラットフォーマーに関する責任論については、従前より、オークションサイトや、通常のECサイトの責任が議論されてきていたが、情報商材のような、違法な商材に特化したプラットフォーマーの責任については、積極的な議論がされてきたとはいいがたい。

この点、消費者保護に関するプラットフォーマーの規制としては、「取引デジタルプラットフォームを利用する消費者の利益の保護に関する法律」（以下、「取引DPF法」という）が、令和4年5月1日に施行されたものの、取引DPF法は、サクラサイト・情報商材のような、いわば「極悪層」を念頭において制定されたものではなく、大手のプラットフォーマーが、法律上規制された努力義務や、官民協議会との協議のもと、より健全なプラットフォームの形成に努めることを目的とするものであって、極悪層に対する救済としては、実効性が乏しいといわざる得ない。

なお、個別の被害救済としては実効性が乏しいものの、今後の立法に向けて、消費者庁のウェブサイトより、「取引デジタルプラットフォームを利用

する消費者の利益が害されるおそれがあると認める場合に、その旨を申し出て、適当な措置をとるべきことを求めることができ」るので、消費者庁の申出フォーム[18]より、積極的な申出をすることが望まれる。

　また、個別の被害救済に向けても、近時、情報商材に関して、決済代行業者かつプラットフォーマーの責任を肯定した裁判例（さいたま地判令和5・7・12判例集未登載）があるように、今後は、単に決済手段に関与した者への責任追及だけではなく、プラットフォーマーの責任追及を積極的に実施していく必要があるものと思われる。

5　国際ロマンス詐欺の被害回復に向けて

　国際ロマンス詐欺については、決済手段からみて、暗号資産送金型と、口座振込型の2つに分けることができるが、いずれの場合も、被害回復が容易ではない。

　この点、暗号資産送金型の場合、多くのケースで、海外の「特定の」暗号資産交換所に送金されているにもかかわらず、そこからの回収ができない状況である。

　当該暗号資産交換所に対する口座凍結のような手続が整備されることで、被害回復の途が開けると思われるが、一方で、現状を放置すれば、今後、国際ロマンス詐欺のみならず、翻訳ソフトの機能向上により、今後増えるであろう外国からのインターネットの詐欺については、暗号資産送金であれば、いっさい追跡ができないこととなってしまう。

　年間で500億円以上の被害と見積もられる国際ロマンス詐欺であるが、この多くが、外国からの犯行であり、日本から、年間に何百億円もの金銭が流

18　消費者庁「取引デジタルプラットフォームを利用する消費者の利益の保護に関する法律に基づく申出」〈https://www.caa.go.jp/policies/policy/consumer_transaction/digital_platform/inquiry/〉。

出しており、その被害回復がいっさいできない状況は、何らかの立法措置や国際的な枠組みによる救済が必要なことは明らかであろう。

　次に、口座振込型であるが、振込みの直接の対象となる口座は、日本に短期の就労に来ていた外国人が日本から出国するに際して、口座をブローカーに売っているケースと、日本人がSNSのDM（ダイレクトメッセージ）経由で口座を売るケースがそのほとんどである。これらのケースでは、口座名義人は、加害者の情報をほとんど有しておらず、また、口座名義人には資力がないため、被害回復が難しいケースが多い。

　一方で、口座に送金された金銭は、加害者によって、何らかの方法で、現金として出金されているところ、どのように現金化されているかの情報が被害者に開示されれば、加害者を追うことができたり、また、回収につながる情報を得ることができる。

　しかし、現在の実務では、振り込め詐欺被害救済法により凍結された口座からの資金移転の情報や、その後の引き出しの情報については、被害者に対して、銀行が開示しないケースが多々あり、被害者としては、口座振込型であっても、被害回復の途が閉ざされている。

　この点、銀行としては、莫大な金額の被害が生じていることに鑑み、被害者に対して、積極的な情報開示をし、むしろ積極的な調査をすることで、少しでも被害回復に協力するべきである。

資料編

【資料1】 対サイト運営業者用通知書例（簡略版）

通　知　書

令和○年○月○日

（サイト運営業者）

　　○　○　○　○　　　　　御中

通知人　カタカナ名（ID：○○○○）

○○県○○市○○○○
　　　　○○○○法律事務所
通知人代理人　弁護士　○　○　○　○
電　話　000-000-0000
ＦＡＸ　000-000-0000

冠省

　当職は、通知人から依頼を受けた代理人として貴社にご通知いたします。

　通知人は、貴社運営サイト「ラブ」の利用に際し、貴社に対し、民法96条1項、消費者契約法4条1項に基づき、利用契約の取消の意思表示をいたします。

　残っているメモ・メールなどから判明するところによると、貴社サイトは、サクラを利用し、徒に、通知人にポイントを購入させる詐欺行為を行っていたと考えられます。ついては、当該サイト利用にあたって、通知人がクレジットカードを利用した取引については、取消を求めます。また、電子マネー利用分及び口座振り込み分については、返金を求めますので、速やかに下記口座まで返金してください。

　なお、取消に至らない場合は、貴社、電子マネー会社及び決済代行業者等一連の関係者に対して不法行為に基づく損害賠償請求訴訟を提起することとなりますので、ご了承ください。

　また、当該サイト利用料等の振込先口座については、犯罪利用の疑いのある口座として、金融機関に対して振り込み詐欺被害救済法に基づく口座凍結要請を行う予定です。

　返金その他のご連絡は、本書面到達後7日以内に行ってください。

184

　なお、近時は、金融機関が凍結した口座の凍結を解除することは困難であることも申し添えます。

草々

記

（返金先口座）　○○銀行　○○支店　普通預金口座　○○○○
　　　　　　　　口座名義人：弁護士○○○○預り口

【資料2】　対サイト運営業者用通知書例（詳細版）

通　知　書

令和○年○月○日

（サイト運営業者）
　　○　○　○　○　　　　御中

通知人　カタカナ名（ID：○○○○）

○○県○○市○○○○
　　　○○○○法律事務所
通知人代理人　弁護士　○　○　○　○
電　話　000-000-0000
ＦＡＸ　000-000-0000

冠省
　当職は、通知人から依頼を受けた代理人として貴社にご通知いたします。
　通知人は、貴社運営サイト「ラブ」のポイント料名目の支払いのため、これまでに通知人名義のクレジットカードの使用及び指定口座への振込送金等の方法により、令和○年○月○日から○月○日にかけての○日間で、合計○○万円を支払いました。
　しかしながら、通知人による貴社サイト利用は、以下の経緯によるものでした。
　通知人は、令和○年○月○日に「A」と名乗る自称舞台俳優の男性（以下、「自称A」といいます）からスマホ宛てに間違いメール名目で受け取ったメールを

185

契機として、同年○月○日にサイト「ラブ」（サイト上に記載された運営会社○○）に誘導されました。その後、通知人は、自称A及びその関係者を名乗る者からの誘導を受けて同サイト内でやり取りをすることとなりました。このとき、通知人は、自称A及びその関係者らから、連絡先を交換するために文字化け解除の手続が必要であり、手続を行えば1000万円も支払う、と申し向けられて、自称A及びその関係者らの言葉を信じてサイト利用のためのポイントを繰り返し購入させられました。その態様としては、「○○」「○○」といったメール（1回の送信に400円相当のポイントを消費）を10回送信させる等といったものでした。

　東京高等裁判所平成25年6月19日判決において同種事件に関して報じられている通り、メール等の送受信に多大なポイント等が消費されるよう、際限なくその手続の繰り返しを要求する行為には合理性が見いだしがたく、その目的は通知人に出来るだけ多くのポイント等を消費させ、貴社に対し、利用料金名下に多額の金員を支払わせることにあるといえ、本件は、貴社が組織的に使用している者（サクラ）による詐欺行為であると考えます。

　このような詐欺行為について貴社が行っている場合には、民法96条1項に基づき貴社との利用契約を取り消すことはもちろん、貴社に対して通知人利用金額に慰謝料及び弁護士費用を付加した金額を損害賠償請求させていただきます。

　また、仮に貴社自体が行っていなくとも、メールの件名欄等から、不適切な内容が記載されている点は明らかであり、貴社はサイト管理者としてその事実を知っていたかあるいは知りうる立場にあった以上、民法96条2項によって契約を取り消しうることに変わりはありません。

　したがって、通知人は、貴社との間のサイト利用契約等を取り消すとともに、既払金の返還をご請求させていただきます。

　加えて、多額の金銭を譲り渡したい旨を記載したメールを送った後、受け取るためにメールでの返信を多数回行わなければならないというような手法は、刑法上の詐欺行為にも匹敵する極めて悪質なものであり、そのような方法によって行われたポイント購入契約は、契約自体がそもそも存在せず、あるいは無効であることは明らかです。

　以上の通り、通知人と貴社との間のサイト利用契約は、不存在、無効ないし取り消されるものであることから、本書面到達後7日以内に、下記通知人代理人口座に既払金全額をご返金ください。クレジットカード決済分につきまして

は、クレジットカード会社若しくは決済代行業者に対し、決済のキャンセル措置等の手続を取っていただきますようご請求いたします。

　期間を過ぎてもなお入金確認が出来ず、また、何らのご連絡もいただけない場合には、直ちに貴社及び貴社の決済代行業者を含む関係者を相手として損害賠償請求訴訟を提起し、関係当局に対して刑事告訴等の手続を行うことを申し添えます。

　本書面を受領後、通知人及びその家族に対して、電話、メール等手段の如何を問わず直接連絡を取ることは固くお断りいたします。もし、貴社が通知人及びその家族に対して直接連絡を取った場合には、上記期間にかかわらず、直ちに法的措置を行いますので、予めご承知おきください。また、通知人が貴社に対して送付した通知人の身分証明書の写し又はその内容を転記した書面を直ちに破棄するようご請求いたします。

　なお、同時に、本書面到達後、通知人IDによるアクセスを禁じるないしは通知人とサクラとのメールを削除するなどの行為を行わないように要請いたします。仮に上記行為を行った場合には、明らかな証拠隠滅行為として別途その責任を追及いたしますので、ご了承ください。

草々

記

（返金先口座）　○○銀行　○○支店　普通預金口座　○○○○
　　　　　　　　口座名義人：弁護士○○○○預り口

【資料3】 対占いサイト運営業者用通知書例

通　知　書

令和○年○月○日

（サイト運営業者）
　　○　○　○　○　　　御中
　　（運営サイト　○○○○）

通知人　カタカナ名（ID：○○○○）

○○県○○市○○○○

○○○○法律事務所

通知人代理人　弁護士　○　○　○　○

電　話　000-000-0000

ＦＡＸ　000-000-0000

冠省

　当職は、貴社に対し、通知人の代理人として以下のとおりご通知させていただきます。

　通知人は、貴社の運営するサイト等のポイント料金の支払いのため金銭を交付しております。

　しかしながら、通知人による貴社サイト利用は、「健康面に不安があります。」「あなたの運気が悪いと周りの運気が悪くなる。」「あなたの守護霊が弱いから、僕のお兄さんが亡くなってあなたの守護霊になりたいと言ってます。」「今よりもっと守る力が強くなる」「返信すれば兄を○○さんの守護霊にすべく作業を進めさせていただきます。」など、通知人の窮迫、困惑等に乗じ、ことさらにその不安や願望をあおったり、その旨信じさせるなどの不相当な方法で行われ、その結果、通知人の正常な判断が妨げられた状態で、過大な金員が支払われており、社会的に相当な範囲を逸脱した違法な行為として、不法行為が成立します。

　このような行為について、通知人は民法96条1項に基づき貴社との利用契約を取り消すことはもちろん、貴社に対して通知人利用金額について損害賠償請求させていただきます。

　以上のとおり、通知人と貴社との間のサイト利用契約は、不存在、無効ないし取り消されるものであることから、本書面到達後2週間以内に、下記通知人代理人口座に既払金全額をご返金ください。

　期間徒過してなお入金確認できず、また、何らのご連絡もいただけない場合には、直ちに貴社を被告として損害賠償請求訴訟を提起させていただきますことを申し添えます。

草々

記

（返金先口座）　○○銀行　○○支店　普通預金口座　○○○○

　　　　　　口座名義人：弁護士○○○○預り口

【資料４】 対クレジット会社用通知書例

通　知　書

令和○年○月○日

〒000-0000
東京都○○区○○○○
　　株式会社○○○○　御中

　　　　　　　　　通知人
　　　　　　　　　〒000-0000
　　　　　　　　　　○○県○○市○○○○
　　　　　　　　　　○○○○（生年月日：平成○○年○月○日）
　　　　　　　　　　（カード番号：0000-0000-0000-0000）

　　　　　　　　　（連絡先）〒000-0000
　　　　　　　　　　○○県○○市○○○○
　　　　　　　　　　　　○○○○法律事務所
　　　　　　　　　通知人代理人　弁護士　○　○　○　○
　　　　　　　　　　　　　　電　話　000-000-0000
　　　　　　　　　　　　　　ＦＡＸ　000-000-0000

冠省
　私は、通知人○○○○氏より委任を受けた代理人弁護士として、以下のとおり貴社にご通知いたします。
　通知人は、貴社発行の通知人名義のクレジットカードを、サクラサイトへの支払いのため使用いたしましたが、上記支払いはサクラを用いてサイトでのメールの多数利用を促し、これによりポイントを大量に消費させ、それによって多額の料金を騙し取るという一連の詐欺行為によるものであると思料されます。
　事案の概要は以下のとおりです。通知人は、令和○年○月○日に「○○○○」と名乗る自称舞台俳優の男性（以下、「自称○○」といいます）からスマホ宛て

189

に間違いメール名目で受けたメールを契機として、同年〇月〇日にサイト「〇〇〇〇」(サイト上に記載された運営会社〇〇〇〇)に誘導されました。その後、通知人は、自称〇〇及びその関係者を名乗る者らからの誘導を受けて同サイト内でやり取りすることとなりました。このとき、通知人は、自称〇〇及びその関係者らから、連絡先を交換するために文字化け解除の手続が必要であり、手続を行えば1000万円も支払うと申し向けられて、自称〇〇及びその関係者らの言を信じてサイトの利用ポイントを繰り返し購入させられました。その態様としては、「〇〇〇〇」、「〇〇〇〇」といったメール（1回の送信に400円相当のポイントを消費）を10回送信させる等といったものでした。通知人は、令和〇年〇月〇日から令和〇年〇月〇日までの間に、クレジットカード等を利用して計金〇〇万円の決済を行いました。

　通知人は、サイト事業者ないし決済代行業者に対して責任追及を行うべく準備を進めておりますが、上記の経緯に鑑み、取り急ぎサイト事業者ないし決済代行業者との取引分と考えられるご請求分につき請求を留保していただくようお願いするとともに、抗弁の接続が可能な場合には請求を止めていただきますようお願い申し上げます。既に請求留保済みの場合は行き違いをご容赦ください。

　責任追及のため、貴社が把握するサイト事業者及び決済代行業者の法人名及び連絡先の情報についても、代理人弁護士宛てにご開示ください。

　なお、本件における通知人によるクレジットカードの利用は詐欺被害によるものであり取引の実態がない決済となりますので、サイト事業者及び決済代行業者が不誠実な態度をとり続ける場合には、速やかなチャージバック等の処理についてもご検討いただければ幸いです。

　本通知書は、債務整理のためのご通知ではなく、サクラサイト利用分を除く決済については、お支払いの意思があることを念のため申し添えます。

　ご不明な点は、恐れ入りますが代理人弁護士宛てにお問い合わせ願います。

　以上、よろしくお願い申し上げます。

草々

【資料5】 対クレジット決済代行業者用通知書例

通　知　書

令和○年○月○日

被通知人
株式会社○○○○　クレジット決済サポートセンター　御中
（ＦＡＸ：03-0000-0000）

　　　　　　　　　　通知人
　　　　　　　　　　〒000-0000
　　　　　　　　　　　○○県○○市○○○○
　　　　　　　　　　　○○○○（生年月日：平成○○年○月○日）
　　　　　　　　　　　（カード番号：0000-0000-0000-0000）

　　　　　　　　　（連絡先）〒000-0000
　　　　　　　　　　　○○県○○市○○○○
　　　　　　　　　　　　　○○○○法律事務所
　　　　　　　　　通知人代理人　弁護士　○　○　○　○
　　　　　　　　　　　　　電　話　000-000-0000
　　　　　　　　　　　　　ＦＡＸ　000-000-0000

冠省
　当職は、通知人から依頼を受けた代理人弁護士として、以下のとおり、貴社に通知いたします。
　通知人は、サクラサイトの利用代金を支払うために、貴社の決済代行サービスを利用して通知人のクレジットカードを利用したことから、現在カード会社から利用料金の請求を受けるに至っております。
　しかしながら、通知人によるサイト利用は、サイト事業者のサクラと思われる者からのメールによって、アドレス交換を行う意思も能力もないにもかかわらず、ネット会員登録費用、アドレス交換費用の入金を行えばアドレス交換ができる旨を告げ、メールの多数利用を促し、これによりポイントを大量に購入・

消費させ、かつ、多額の料金を騙し取るという一連の詐欺行為によるものであります。

　通知人のサイト利用は、上記詐欺行為に基づくものであることから、カード会社に対して、貴社による解約処理が行われない場合には、直ちにチャージバックの手続をとるよう要請しているところであります。

　また、上記請求は、その詳細が明らかではなく、通知人といたしましては、自らが利用した取引についての請求であるのか否かについて判断することができないでおります。したがいまして、貴社におかれましては、通知人が貴社決済代行サービスを利用してなしたとされる、当該クレジットカード利用について、その明細を具体的に明らかにしていただきますよう、お願いいたします。

　なお、通知人といたしましては、貴社が決済代行サービスを提供することにより、本来クレジットカード会社と直接契約をすることができない業者によるクレジットカードの利用が可能となっていることに鑑み、貴社には、クレジットカード会社が加盟店に対して負っている加盟店管理責任と同様の責任が存するものと考えておりますので、その旨、申し添えます。

　したがいまして、サクラサイトの利用に関する決済のキャンセル措置等のご対応をとっていただきますようお願いいたします。

　なお、ご不明な点、ご質問及びご協力いただける点等がございましたら、当職宛てに書面にてご連絡いただければ幸甚です。

草々

【資料６】 対電子マネー業者用通知書例

通　知　書

令和○年○月○日

被通知会社
株式会社○○○○　御中

通知人
〒000-0000
○○県○○市○○○○
○　○　○　○

（連絡先）〒000-0000
○○県○○市○○○○
○○○○法律事務所
通知人代理人　弁護士　○　○　○　○
電　話　000-000-0000
ＦＡＸ　000-000-0000

冠省
　当職は、貴社に対し、通知人の代理人として以下のとおりご通知させていただきます。
１　通知の趣旨
　通知人は、添付顧客控えのとおり、貴社の電子マネー決済を利用し、出会い系サイト「STRAWBERRY」（以下、「本件サイト」といいます）の利用料金を支払いましたが、当該利用料金は、サイト側により、メールの多数利用を促し、不必要なポイントの大量購入・消費を促し、それによって多額の料金を騙し取るという一連の詐欺行為により支払わされたものであり、サクラサイト詐欺被害によるものであります。
　つきましては、下記のとおりご対応いただきますよう、お願い申し上げます。
記

193

(1)　通知人が本件サイトに関して利用した貴社の電子マネー決済（管理番号は添付顧客控えのとおり）につき、利用金額全額の返金処理

(2)　通知人が本件サイトに関して利用した貴社の電子マネー決済につき、添付顧客控え以外に利用分が存在する場合には、当該電子マネーの利用日時及び金額の開示

(3)　添付顧客控え記載の各プリペイドカードが利用されたサイト事業者及び決済代行業者の名称、所在地及び連絡先等の開示、並びに、これらの者に対する返金処理の促し

(4)　以下の i ないし iv の項目についての書面による回答

　　i　貴社が、資金決済に関する法律（以下、「資金決済法」という）に基づく第三者型前払式支払手段の発行者として、「前払式支払手段により購入若しくは借受けを行い、若しくは給付を受けることができる物品又は提供を受けることができる役務が、公の秩序又は善良の風俗を害し、又は害するおそれがあるものでないことを確保するために必要な措置」（同法10条1項3号）としていかなる措置を講じているか

　　ii　上記 i の措置に基づき、本件サイト運営事業者ないし決済代行業者との加盟店契約を締結するにあたり、あるいは契約締結後においていかなる措置を講じているか

　　iii　貴社が、「前払式支払手段の発行及び利用に関する利用者からの苦情の適切かつ迅速な処理のために必要な措置（資金決済法第21条の2）としていかなる措置を講じているか

　　iv　貴社が、金融庁事務ガイドライン第三分冊5.II－2－5－1に基づき、被害者からの詐欺被害に関する申出を速やかに受付、被害の情報を活用して詐取された前払式支払手段を特定し利用停止措置を講ずる態勢の整備、及び、利用停止を行った前払式支払手段についての返金手続等の財産的被害回復措置を講ずる態勢の整備として、いかなる態勢を整備しているか

2　通知の理由

(1)　本件では、通知人に対し、突然、「スクラッチに当選しました。3億円の受取が可能です」などという内容のメールが送られてきたため、通知人がメールに記載されたURLをクリックしたところ、本件サイトに登録されました。本件サイトでは、スクラッチ事務局と名乗る者から、3億円の最終送金手続の案内などと称して、認証手続費用として多額の

ポイント購入を繰り返し要求され、さらに、多数のメール送信を促されたことにより、通知人は、銀行振込、電子マネー、クレジット決済等により、多額のポイントを購入させられました。

本件は、①メッセージの内容が3億円の送金でありおよそ現実的ではないこと、②手続費用と称するポイント購入代金はすべて本件サイト運営事業者の利益となることなどからすれば、本件は、劇場型のサクラサイト詐欺であることは明らかであります。

したがいまして、本件サイトの利用料金は、本件サイトが通知人を錯誤に陥らせ、ポイント料金名目で金銭を詐取したものであり、本件サイトの行為は公序良俗違反、詐欺（民法96条）及び不法行為を構成しますので、通知人の本件サイト利用は当然に無効ないし取り消されるものであり、利用代金は返金されるべきものであります。

(2) また、通知人は、本件サイト業者に騙され、要求されるがままに電子マネー決済を行ったため、本件サイト利用の日時、内容及び利用金額の全容が判明していない状態であります。

(3) 貴社におかれましては、平成29年4月1日施行の資金決済法第21条の2により、前払式支払手段の発行及び利用に関する利用者からの苦情処理に関する措置義務が課せられております。また、本件のようなサクラサイト詐欺を含む特殊詐欺による被害が多発していることに鑑み、平成29年4月1日公表の「金融庁事務ガイドライン第三分冊：金融会社関係『5.前払式支払手段発行者関係』」には、「サーバ型前払式支払手段を悪用した架空請求等詐欺被害への対応」（同ガイドライン23頁、Ⅱ－2－5項）の項目が新設されており、被害者からの詐欺被害に関する申出を速やかに受け付け、被害の情報を活用して詐取された前払式支払手段を特定し利用停止措置を講ずる態勢の整備（同Ⅱ－2－5－1－①）、利用停止を行った前払式支払手段についての返金手続等の財産的被害回復措置を講ずる態勢の整備（同Ⅱ－2－5－1－②）が規定されております。そして、架空請求等詐欺被害の防止及び被害回復の観点から重大な問題があると認められる発行者に対しては資金決済法25条の業務改善命令の発出がされ、重大、悪質な法令違反行為が認められるときには、同法27条に基づく業務停止命令等の発出を検討すると規定されております（同ガイドライン24頁、Ⅱ－2－5－2）。

以上の次第でありますので、通知の趣旨のとおりの対応を求めます。

　なお、上記被害申出にもかかわらず、何らのご対応もいただけない場合には、資金決済法10条1項3号の登録拒否事由に該当する可能性があり、あるいは同法25条の業務改善命令ないし同法27条の業務停止命令発出の検討の必要性があるとして、金融庁等への申入や、認定資金決済事業者協会に苦情の申入を行う予定であることを念のため申し添えます。

　何かご不明点等がございましたら、代理人弁護士宛てにご連絡をいただきますようお願い申し上げます。

草々

添付書類
　　プリペイドサービス顧客控え　　18通

【資料7】　対収納代行業者用通知書例

通　知　書

令和○年○月○日

被通知会社
〒000-0000
　東京都○○区○○○○
　　株式会社○○○○　　御中
　　代表取締役　○　○　○　○　殿

　　　　　　通知人
　　　　　　　　　○　○　○　○

　　　　　　（連絡先）〒000-0000
　　　　　　　　○○県○○市○○○○
　　　　　　　　　　○○○○法律事務所
　　　　　　　通知人代理人　弁護士　○　○　○　○
　　　　　　　　　電　話　000-000-0000

FAX 000-000-0000

冠省

　当職は、通知人から依頼を受けた代理人弁護士として、貴社に対し、以下のとおりご通知いたします。

　通知人は、貴社のコンビニ収納代行決済システムを利用しておりました。しかしながら、通知人によるこれらの利用は、詐欺的サイトにおけるサクラを利用した悪質な詐欺行為により促されたものです。したがいまして、通知人は、各サイト運営業者に対して返金請求権を有しており、今後、サイト業者に対して利用契約の取消しを求めるとともに、返金請求を行っていく予定でおります。

　つきましては、証票等の写しを同封いたしますので、当該コンビニ収納代行決済がどの業者の利得となっているのか、利用明細書を送付してくださいますようお願いいたしますとともに、利得先業者の所在地等の情報も併せてご提供いただきますようお願いします。

　通知人は、本件が近年横行する極めて悪質なサクラサイトを用いた詐欺行為であると考えておりますところ、本件が解決できない場合には、上記詐欺行為を行ったものを許すことは到底できませんので、民事のみならず刑事的にも当該詐欺行為を行ったものに対しては責任追及していく所存です。

　なお、通知人としましては、貴社の加盟店管理責任等も問題になる可能性があると考えておりますが、まずは一時的に責任を負うサイト業者に対して請求をしていきたいと考えておりますので、ご協力くださいますようお願いいたします。

　ご不明な点、ご協力いただける点等ございましたら、当職宛に書面にてご連絡いただきますようお願いいたします。

草々

【資料8】 請求債権目録記載例

請求債権目録

金○○万○○円

　ただし、債務者が債権者に対し、自己の運営するサクラサイトを利用して、その従業員をして債務者の指示どおりの手続を行うことによって多額の金員を受領できたり、連絡先の交換ができたりするなどと欺き誤信させ、別紙一覧表記載のとおり、令和○年○月○日から令和○年○月○日までの間、合計○○回にわたり合計○○万○○円の金員を支払わせ詐取したことにより、債権者が債務者に対して有する上記○○万○○円の不法行為に基づく損害賠償請求権及び被害回復のために弁護士を依頼することを余儀なくされたことによる弁護士費用○○万○○円について債権者が債務者に対して有する不法行為に基づく損害賠償請求権

【資料9】 仮差押債権目録記載例（電子マネー）

仮差押債権目録

（第三債務者　○○株式会社）

金○○万○○円

　ただし、債務者が第三債務者に対して有する、本決定送達日以降令和○年○月○日までに支払期の到来する、債務者と第三債務者との間の継続的な加盟店契約、決済代行サービス利用に関する基本契約に基づく売上金引渡請求権もしくは利用料金引渡請求権にして、支払期限の到来した順序で、支払期限が同日の場合は金額の大きい順序で、頭書金額に満つるまで。

【資料10】 独立行政法人国民生活センター PIO-NET情報照会例（弁護士法23条の２）
　　　　　　——サイト運営業者

1　紹介先の名称及び紹介先所在地

　　名称：独立行政法人国民生活センター　情報公開室

　　所在地：〒106-8602　東京都港区高輪3-13-22

2　照会を求める事項

　　A会社（＝サイト運営業者）による出会い系サイト被害について、PIO-NETに登録されている相談・被害に関する情報の有無及びある場合には、件数・内容等

3　照会を求める理由

　　本件は、近年横行する出会い系サイト（サクラサイト）詐欺被害の事案である。

　　依頼者は、相手方サイト運営業者（A会社）が運営する出会い系サイト「ラブ」において、同社のサクラ若しくはサクラと思われる第三者による多額の金銭譲渡を匂わせたり、アドレス交換を匂わせたりするメールなどにより、メールの多数利用を促されポイントを大量に消費させられ、また、手続費用名目で大量のポイントを消費させられ、ポイント料名目で多額の金員の支払いを請求された。その結果、依頼者は、令和〇年〇月〇日から〇月〇日までの間に、合計〇〇万円もの金員を支払った。

　　相手方サイト運営業者の行為は、虚偽の内容を用いて依頼者を誤信させ、依頼者をして多額の金員を支払わせるというものであり、依頼者に対する詐欺行為である。

　　依頼者の被害回復のためには、このような違法行為を行っている者に対して責任追及していく必要があるが、責任追及にあたり、同種の被害事例がどれほどあるのか、被害実態を把握し、裁判所に訴えていく必要があるため、上記事項の照会を求める。

【資料11】 独立行政法人国民生活センター PIO-NET情報照会例（弁護士法23条の２）
　　　——決済業者＋サイト運営業者

1　紹介先の名称及び紹介先所在地
　　名称：独立行政法人国民生活センター　情報公開室
　　所在地：〒106-8602　東京都港区高輪3-13-22

2　照会を求める事項
　　A会社（＝電子マネー会社）に関するPIO-NETに登録されている相談・被害に関する情報のうち、B会社（＝サイト運営業者）に関する相談・被害に関する情報の有無及びある場合には件数・内容等

3　照会を求める理由
　　本件は、近年横行する出会い系サイト（サクラサイト）詐欺被害の事案である。
　　依頼者は、相手方A会社の加盟店であるサイト運営業者B会社が運営する出会い系サイト「ラブ」において、同社のサクラ若しくはサクラと思われる第三者による多額の金銭譲渡を匂わせたり、アドレス交換を匂わせたりするメールなどにより、メールの多数利用を促されポイントを大量に消費させられ、また、手続費用名目で大量のポイントを消費させられ、ポイント料名目で多額の金員の支払いを請求された。その結果、依頼者は、令和○年○月○日から○月○日までの間に、合計○○万円もの金員を支払った。依頼者の損害の拡大には、相手方A会社のような決済代行業者が介在してなされる電子マネー決済などの簡便な決済手段が用いられることも一因となっている。
　　相手方サイト運営業者の行為は、虚偽の内容を用いて依頼者を誤信させ、依頼者をして多額の金員を支払わせるというものであり、依頼者に対する詐欺行為である。
　　依頼者の被害回復のためには、このような違法行為を直接行っているサイト運営業者のみならず、簡便な決済手段を提供し違法行為を助長していると思われる決済代行業者に対してもその責任を追及していく必要があるところ、そのためには、同種の被害事例がどれほどあるのか、被害実態を把握し、裁判所に訴えていく必要がある。
　　したがって、上記事項の照会を求める。

【資料12】 ロマンス詐欺事案における暗号資産交換業者への照会例

照 会 事 項

　別紙「照会を求める理由」中の取引一覧の各取引に記載された送金元アドレスから送金先アドレスへの送金が、貴社にアカウントを有する顧客への送金であるか否か。貴社にアカウントを有する顧客への送金である場合には、当該顧客に関する令和○年○月○日から現在における下記事項

記

(1) 契約者名

(2) 契約者住所

(3) 契約者が法人の場合は会社法人等番号

(4) 契約者連絡先

(5) アカウント開設日

(6) 暗号資産の残高

(7) 暗号資産の取引履歴

(8) 日本円の残高

(9) 日本円の取引履歴

(10) 日本円の出金先口座の金融機関名、支店名、口座番号、口座名義人

(11) (1)から(10)につき、根拠となる契約書、申込書、本人確認書類の写し、取引履歴の書類等の書類がございましたら、その写しをご添付ください。

以上

照会を求める理由

1　事案の概要

　依頼者は、SNS上で知り合った相手方から、令和○年○月から○月にかけて、好意があるよう装われながら言葉巧みに、依頼者のウォレット（暗号資産を管理する口座）のアドレス（下記1）から、相手方が指定したアドレスに、イーサリアム（単位：ETH）という暗号資産を送金するよう誘導され、暗号資産を詐取されてしまった。

　暗号資産の取引には、取引ごとにトランザクション ID という番号が付されているところ、その取引履歴は、インターネット上に公開されており、誰でも確認することができる。前述のイーサリアムについては、Bitquery や Blockchair というサイトにおいて、暗号資産の取引履歴が公開されており、これにより、いつ、どのアドレスからどのアドレスに対し、どれくらいの暗号資産が送金されているか、調査することができる。また、まれに、各アドレスを管理している暗号資産交換業者も判明することがある。

2　取引の詳細

(1)　依頼者は、令和○年○月○日、相手方の指示に基づき、下記2のアドレスに対し、○○ ETH を送金してしまった（取引①）。

　申出人が、Bitquery において、依頼者がイーサリアムを送金してしまった先のアドレス（下記2）の取引履歴を確認すると、依頼者が送金してから○分後に、下記3アドレスに○ ETH が（取引②）、○ ETH が他のアドレスに送金されていることがわかった。さらに調査を進めると、その○分後に、下記3アドレスから、下記4アドレスに同額のイーサリアムが送金され（取引③）、最終的に、依頼者が詐取されたイーサリアムの一部が、下記4のアドレスに送金されていることがわかった。

(2)　そこで、申出人が、Blockchair において、下記4のアドレスについて調べたところ、「Address owner:Huobi」と表示された（なお、「Huobi」とは、暗号資産交換業を営む照会先及びその親会社である「HUOBI ASSET INVESTMENTS PTE. LTD.」の一般的な呼称である。）。

　したがって、下記4のアドレスは、貴社もしくはその親会社が管理している可能性が高いと考えられる。

(3)　このように、詐取されたイーサリアムの一部が、相手方から指定されたアドレス（下記2）から、下記3のアドレスを経由し、合計でわずか○時間弱の間に、そのまま下記4のアドレスに行き着いていることからすれば、申出人は、下記2〜4のアドレスの名義人は、相手方と共謀の上、依頼者から暗号資産を詐取したという共同不法行為に基づき損害賠償責任を負う者である可能性が高いと考えている。

3　結　論

　したがって、相手方及び共同不法行為者への提訴準備のため、申出人は、貴

社に対し、貴社もしくはその親会社が管理している可能性が高い下記4のアドレス及び以上の事件の経緯からして同アドレスと関連すると考えられる下記2及び3、5～7のそれぞれのアドレスにつき、別紙照会事項への回答を求める。

　なお、事前に、照会先と事前交渉をしており、上記情報をもとに、可能な限り、照会事項につき調査していただけるとの回答を受けている。

アドレス一覧

アドレス1（依頼者のアドレス）
　0x225114ab6ab0142bbddeFE……
アドレス2
　0x2cba223d1a77973f64ace9……

～～～～

取引一覧

1　取引①
　(1)　トランザクションID
　　0x8482e9284523992437……
　(2)　日時
　　Oct-18-2021 12:38……
　(3)　送金元アドレス
　　0x225114ab6ab0……
　(4)　送金先アドレス
　　0x2cba223d1a……
　(5)　送金額
　　……Ether($……)
2　取引②
　(1)　……

～～～

以上

【資料13】 準備書面（目次）例

令和○年(ワ)第○○号　損害賠償請求事件
原　　告　○　○　○　○
被　　告　Ｂ　ほか○名

原告第○準備書面

令和○年○月○日

東京地方裁判所　御中

原告訴訟代理人弁護士　○　○　○　○
同　　　　　　　　　　○　○　○　○
同　　　　　　　　　　○　○　○　○
同　　　　　　　　　　○　○　○　○
同　　　　　　　　　　○　○　○　○
同　　　　　　　　　　○　○　○　○
同　　　　　　　　　　○　○　○　○

【目　次】

【資料14】 口座凍結要請書例

※要請先の金融機関と情報提供先の所轄捜査機関（該当する□にレ印でチェック）にFAX送信してください。

振り込め詐欺等不正請求口座情報提供及び要請書

令和○年○月○日

○○銀行　○○○○　御中
　　FAX　000-000-0000

□警視庁　☑○○警察本部　☑ 刑事部捜査第二課　御中　FAX　000-000-0000
　　　　　　　　　　　　 □ 生活環境第二課　御中　FAX　000-000-0000

〔情報提供者・下記被害者代理人〕
　　弁護士　○　○　○　○　　○○弁護士会・登録番号○○○○
　　事務所名・所在地　　○○県○○市○○○○
　　　　　　　　　　　　○○○○法律事務所
　　　　　　　　　　　　TEL　000-000-0000　　FAX　000-000-0000

〔被害者〕　住　所　○○県○○市○○○○
　　　　　　氏　名　○　○　○　○

　下記預金口座について、犯罪利用があるものと思料しますので、口座情報を

207

提供し、もって、預金取引の停止又は預金口座の解約をお願いします。なお、口座名義人から本件クレーム等があった場合は、当職からの要請であることを相手方に告知し、その旨を当職までご連絡ください。その場合クレーム等に対しては当職の責任において一切の処理を行います。

１．対象口座の表示　※必要事項を記入し、該当箇所を○で囲んでください。
①　○○銀行　普通預金口座　口座番号○○○○　口座名義人○○○○

２．振り込め詐欺等不正請求の手口　※必要事項を記入し、該当する□にレ印でチェックしてください。
□オレオレ詐欺　□架空請求　□融資保証金詐欺　□還付金詐欺　□ヤミ金融　☑その他
その他の場合の手口の内容
　　いわゆる「サクラサイト詐欺」である。
　　令和○年○月、サクラサイト「サンキュー」で、「100万円支援する」「サイトにかかった費用は全額返す」などとメールが送られてきて、そのための手続費用等名目で、サイトが指定する○○銀行の「○○○○」名義の口座にわずか２日の間に、15万円を支払わされ詐取された。

３．その他参考事項

４．参考書類　　☑有　　□無　※該当する□にレ印でチェックしてください。
　☑振込み控え　□ダイレクトメール（ハガキ、封書）　□チラシ
　☑その他（メールの写し）
〈送付書類（本発信票除き）　10枚（「ご利用明細票」9枚、メールの写し1枚）〉

【資料15】 東京高裁平成25年6月19日判決

平成25年6月19日判決言渡　同日原本領収　裁判所書記官○○○○

平成24年㈱第4873号損害賠償請求控訴事件（原審：横浜地方裁判所平成23年㈠第5174号）

口頭弁論終結日　平成25年4月22日

判　　　決

○○○○

控　訴　人　　　　　　　X
訴訟代理人弁護士　別紙代理人目録記載のとおり

○○○○

被　控　訴　人　株式会社フロンティア21
代表者代表取締役　　　　　　　A
訴訟代理人弁護士　○　○　○　○

主　　　文

1　原判決を取り消す。

2　被控訴人は、控訴人に対し、金2234万4300円及びこれに対する平成22年8月26日から支払済みまで年5分の割合による金員を支払え。

3　訴訟費用は、第1、2審を通じ被控訴人の負担とする。

4　この判決の主文第2項は、仮に執行することができる。

事実及び理由

第1　当事者の求める裁判

　1　控訴人

　　主文と同旨

　2　被控訴人

　㈠　本件控訴及び当審において拡張された請求をいずれも棄却する。

　㈡　控訴費用は、控訴人の負担とする。

第2　事案の概要

　　本件は、インターネット上で有料メール交換サイトを営む被控訴人が、サクラを使ってメールを送信し、控訴人をサイトに誘い込み、控訴人にサイト

利用料金名目で多額の金員を振り込ませるなどしたとして、詐欺による不法行為に基づき、控訴人が被控訴人に対し、利用料金相当額の損害賠償及びこれに対する遅延損害金の支払を求める事案である。

　原判決は、被控訴人の不法行為の日時、内容等、控訴人の誤信内容、錯誤に基づく被控訴人への送金ないしポイント購入の時期及び金額につき特定がなく、サクラと被控訴人の関係等につき主張上明らかではないとして、控訴人の請求を棄却したため、これを不服の控訴人が控訴するとともに、当審において請求を拡張し、さらに損害賠償額の1割に相当する弁護士費用の支払を求めるとともに、遅延損害金の始期を訴状送達の翌日（平成23年10月22日）から最終不法行為の後の日（平成22年8月26日）に変更した。

1　前提となる事実（証拠の記載のない事実は争いがない。）

　(一)　被控訴人は、インターネット上で多数の有料メール交換サイトを営む会社であり、「直撃ドキュン」（当初のサイト名は「直アポ☆ゲット」。）、「直アドゲッチュー」、「ピュアラブROYAL」（当初のサイト名は「ご近所○○」であり、その後、「プリンセスモバイル」となり、さらに「ピュアラブROYAL」となった。）、「ご近所直アドnet」は、いずれも被控訴人の運営するサイトである（以下これらのサイトを「本件各サイト」といい、特定のサイトを指すときは、その名称で特定する。）。

　　（なお、上記「ご近所○○」のうち「○○」の部分は具体的名称が証拠上明らかでない。以下においても、具体的名称が明らかでない場合には、全て「○○」を用いることとする。）

　(二)　本件各サイトは、いずれも、見知らぬ者同士がインターネットの掲示板や電子メールのやり取りを通じて知り合うことができる「出会い系サイト」である。

　　出会い系サイトでは、一般利用者は、サイトに登録することにより、運営業者からIDとパスワードが交付され、それらを入力することによりサイトを利用して、サイト内でメールのやり取りをすることができる。

　　メールのやり取りの方法は、以下のとおりである。まず、利用者宛のメールが届いている場合には、サイトの運営業者は、登録された利用者のパソコンにメールのタイトルと差出人のハンドルネーム（ニックネーム）を送信してメールがあったことを知らせるが、利用者は、冒頭部分を除き、本文を読むことはできないため、メール本文を全て見るためには、メールに添付されているURLをクリックしてサイトにアクセスし、

メールを読み、これに返信することになる。

　このようなメールを読む、メールを送る、画像を見る、画像を送るなどの各操作について利用料金が課せられる。本件各サイトは、各操作ごとに一定の利用料金が課せられる旨規約で定められ、各操作をする毎に、予め利用者が購入したポイントから各操作に必要とされるポイントが引き落とされる仕組みとなっている。

　このポイントを購入するには、利用者は、銀行振込み、クレジットカード、電子マネー決済など被控訴人の用意した各種決済方法を選択して入金することになる（以上につき甲1ないし3）。

（三）　控訴人は、別紙記載のとおり、平成21年3月8日から平成22年8月26日まで、本件各サイトを利用し、ポイントを購入するため、日付欄記載の日付に、振込方法欄記載の方法により、金額欄記載の金額を被控訴人に支払った（甲4の1ないし5）。すなわち、

　(1)　控訴人は、平成21年3月28日から平成22年7月25日までの間、「直撃ドキュン」のサイトを利用し、ポイント購入費名目等で合計913万5000円を被控訴人に支払った。

　(2)　控訴人は、平成21年3月18日から平成22年8月26日までの間、「直アドゲッチュー」のサイトを利用し、ポイント購入費名目等で、合計523万円を被控訴人に支払った。

　(3)　控訴人は、平成21年3月8日から平成22年3月20日までの間、「ピュアラブROYAL」のサイトを利用し、ポイント購入費名目等で、合計393万5000円を被控訴人に支払った。

　(4)　控訴人は、平成21年3月15日から平成21年10月8日までの間、「ご近所直アドnet」のサイトを利用し、ポイント購入費名目等で、合計201万3000円を被控訴人に支払った。

　(5)　控訴人が利用料金として被控訴人に振り込んだ金額は、本件各サイト合計で2031万3000円となる。本件各サイトにおいては、いったん購入したポイントは、退会と同時に消失し、返金不可とされている（甲1、2の各3条、甲3の「特定商取引法表記」欄）。

2　当事者の主張

（控訴人）

　（一）　本件各サイトの違法性

　(1)　被控訴人は、サクラを使用しながらその事実を隠して、控訴人を巧

みに本件各サイトに誘い込み、あるいは控訴人を自動登録した上、サクラが多数の誘惑的なメールを送り、資金援助や連絡先交換又は待合せ等をする意思もないのに、それが可能である旨の虚偽の内容をメール送信してこの旨控訴人を誤信させ、控訴人をしてサイトを利用したメールの送受信等を多数回繰り返させてこれに必要とされるポイントを大量に購入させ、または、上記資金援助等の目的達成のためには暗号送信等の手続が必要であるとの虚偽の事実を申し向けてその旨控訴人を誤信させ、その操作のために利用料金名下に多額の金員を支払わせたものである。

　本件各サイトは、全体として、一般利用者から金銭を騙し取るための仕組みとして構築されており、サイトに登録させる、誘惑メールを送信してサイトの利用を促す、その利用が開始された場合、利用者の期待等をあおって過大な利用料金等を支払わせ、次々とメールや暗号送信等の送受信を事実上強いるという一連の行為は、利用者に対する詐欺を構成する。

　本件各サイトの運営業者である被控訴人は、サクラを使いながら、その事実を隠してサイトを利用させ、上記の手法により控訴人を欺き、錯誤に陥った控訴人に利用料金名下に高額な金員を支払わせたものであり、詐欺の不法行為に当たる。

(2) 控訴人は、本件各サイトで以下の14人の相手（以下「本件各相手方」という。）とメール交換をした。その具体的な内容は次のとおりである。

(3) 「直撃ドキュン」におけるメール交換

①　はるなとのメール交換

(ア)　はるなは、控訴人宛てのメールにおいて、ファイナンス系会社を経営する社長を自称し、自分の指示に従えば多額の金銭を特別な手段で供与できると控訴人に申し向け、その際、セキュリティー強化やスピードアップ料等の費用として高額のポイントを購入させた。

(イ)　はるなは、金員入手のための特別な方法を控訴人に指示し、これらの内容を信用した控訴人は、短時間のうちにポイント購入を繰り返す、サラ金会社からの借入れと短期完済を繰り返す、ビットキャッシュ（電子マネー）を大量に購入し、被控訴人に大量入金するなどの行為を行ったが、結局、はるなから資金援助を受け

212

ることはできなかった。

② 「『財務管理事務局』坂東舞衣」（以下「舞衣」という。）とのメール
　交換

　　舞衣は、控訴人宛てのメールにおいて、「会社で3000万円の利益
　が出たので、極秘で受け取って欲しい」という申出を行い、控訴人
　の受取口座番号の送信に関し、暗号返信を繰り返すことを要求した
　ほか、アドレス及び電話番号添付を求め、規約上多くのポイントを
　必要とする送受信及び終わることのない上記暗号操作の続行を求め
　て膨大なポイントを消費させた。

(4) 「直アドゲッチュー」におけるメール交換

① 「セレブな処女姫♪19歳エミ☆」（以下「エミ」という。）とのメー
　ル交換

　　エミは、控訴人宛てのメールにおいて、話し相手になったり、会っ
　てくれればお礼に数千万円をあげると申し向け、その旨控訴人を信
　用させ、平成22年4月から8月まで、8回の面会を約束しながら
　これを実行せず、待合場所、日時、その変更、撤回など大量のメー
　ル交換に高額のポイントを消費させた。

② 「年商100億・恭子〔40歳〕」（以下「恭子」という。）とのメール交
　換

　　恭子は、控訴人宛てのメールにおいて、年商100億円の会社経営
　者であると自称し、面会して性交渉すること及び対価として高額な
　現金を支払う旨を申し向け、この旨控訴人を信用させ、サイト内メー
　ルで面会の約束場所と時間を指定してきたが、無理な時間帯を指定
　し、控訴人が約束しても突然反故にしたりして、控訴人にその連絡
　等に多大なポイントを消費させた。

③ 「精子バンク医療科学研究所　奈津美」（以下「奈津美」という。）
　とのメール交換

　　奈津美は、控訴人宛てのメールにおいて、精子バンク医療科学研
　究所の職員を名乗り、研究所の業務上、男子の精子が必要で控訴人
　が研究条件に合致するので採取の必要があること及び採取には20
　万円から100万円の対価を支払う旨を申し向け、控訴人をしてその
　旨信用させ、待ち合わせ、その方法、精子取得の対価等の連絡をし
　たが、3回の面会約束をしたものの、面会を断ったり、理由を付け

213

て反故にしたりし、その受送信に多数回のメールのやり取りを余儀なくさせて控訴人のポイントを消費させた。

④ 「グローバル投資銀行頭取婦人〔34歳〕」（以下「頭取婦人」という。）とのメール交換

頭取婦人は、支援金9000万円を受け取るつもりはないかとするメールを控訴人に送信し、控訴人に対し、直接会って現金を手渡すとして、控訴人の住所近くのビデオ店、病院、ホテルの部屋などを待ち合わせ場所に指定しながら、実際に待ち合わせをする段になると、場所を突然変更したり、連絡を絶ったりするなどして、控訴人にその連絡のための送受信に多くのポイントを消費させた。

(5) 「ピュアラブROYAL」におけるメール交換

① 「IT企業取締役○○」は、控訴人宛てのメールにおいて、会社経営についての話相手か相談相手になってくれれば3000万円を渡す旨を送信して控訴人をその旨信用させ、JR高槻駅を待ち合わせ場所として指定したが、同人は現れることがなく、その後何回待ち合わせをしても同様であった。その所在確認等のため、控訴人は多大なポイントを消費させられた。

② 「固定資産管財人○○」は、控訴人宛てのメールにおいて、会社の固定資産を管理して生じた2000万円の余剰金を受け取って欲しい、については税務署に覚知されないための特殊な振込システムとして、暗号送信の必要があると申し向け、その旨信用した控訴人は、その指示に従って暗号を数十回にわたり送信したが、作業指示が何時までも終わらず、これにより多数のポイントを使用させられた。

③ 同年5月10日、「外科医○○」から、話し相手や相談相手になってくれれば600万円を会って手渡すとの申し出があり、控訴人はその連絡にしたがってJR新大阪や高槻駅、同人が来ているという場所まで駆けつけて同人を待ち続けたが、同人は一度も現れなかった。控訴人は、所在確認等のため1日だけで数百回に及ぶメール交換をし、大量のポイントを購入し、使用させられた。

④ 同年8月初め頃、「SE神谷／個人情報開示可」（以下「SE神谷」という。）という女性は、控訴人宛てのメールにおいて、社長から、税金対策として1600万円の会社の金を処分するようにいわれているので受け取って欲しい旨を申し向け、控訴人をしてその旨信用さ

せ、控訴人の本名と電話番号を添付したメール送信を多数回送信するよう指示し、その操作を繰り返させたほか、高速回線の使用や電話番号等の送信作業に多額のポイントを消費させた。

⑤ 同年12月ころ、「銀行員まゆ」は、控訴人宛てのメールにおいて、300万円を振り込みたいとのメールを送信して、これが貰える旨控訴人を信用させ、会員レベルを昇格させたり、文字化け対策として専用回路の開設費用を負担させた。

(6) 「ご近所直アドnet」におけるメール交換

「モモ」、「主治医○○」及び「振込依頼人○○」

平成21年3月、不治の病で入院しているという「モモ」とその「主治医○○」を名乗る人物は、控訴人宛てのメールにおいて、モモの両親の遺産を受け取って欲しいとして、現実の振込みを担当する「振込依頼人○○」の指示に従うよう求めた。控訴人は、振込依頼人○○の指示に従うことにより、遺産を貰えると信用し、振込依頼人○○からの指示に従い、メール添付やアドレス添付という受送信方法をとらされたほか、指示どおりの暗号を送信するため、大量のポイントを購入させられ、暗号送信にこれを消費させられた。控訴人は、送信を続けても手続きが完了しないため、送信を止めた。

(7) 本件各相手方がいずれもサクラであること

本件各相手方がいずれもサクラであることは、以下の事実から明らかである。

(ア) 指示に従えば数千万円ないし数百万円という多額の金員が入手可能である等というあり得ない不自然な話を提示して勧誘していること。

(イ) メールの送受信に秘密を守るための専用回線を用いる、高速通信を可能にする回線を用いる、メールアドレスや電話番号を添付する必要があるとして、通常の送受信以外にこれらに高額なポイントを消費させていること。

(ウ) 大量のポイント購入を持ちかけ、その繰り返しを命じていること。

(エ) 金員入手のための手続として、虚偽の暗号入力操作等を命じ、その送受信に多大なポイントが消費されるよう、際限なくその手続きの繰返しを要求していること。

(オ) 面会や金員の手渡しを何度も約束しつつ、これをキャンセルした

215

り、連絡を取れなくしたりして、確認のため、極めて多数の送受信を強いていること。

　以上から、本件各相手方は、全く合理性のないポイント購入を控訴人に指示し、多額のポイントを消費させるような指示をしている。直接のメールアドレス交換がされたことはなく、これにより利益を得るのは、サイト運営者である被控訴人のみであるから、本件各相手方は、被控訴人が作り出した架空のサクラであることは明らかである。

(二)　控訴人の被害

　控訴人は、本件各相手方がサクラであり、その申し出が実現できないのであれば、本件各サイトの利用をすることはなかったから、利用料金との名目で支払った全額である合計2031万3000円がその損害である（本件各サイト内で一般利用者同士のメールのやりとりが行われたことは確認できないし、仮にごく一部にそのような事実があったとしても、サイトの運営目的がサクラによって違法な利益を得ることにあるといえるから、サイトの運営全体が不法行為を構成するというべきである。）。

　そのほか、控訴人は訴訟代理人らを依頼しての本訴提起を余儀なくされたことから、そのための弁護士費用203万1300円（上記の1割）も本件不法行為と相当因果関係を有する損害である。

（被控訴人）

(一)　控訴人が主張の日時に本件各サイトの利用料金等に支払をしたことは認めるが、本件各サイトがサクラサイトであり、被控訴人が一般利用者から利用料金名目で金員を詐取するためのものとして構築運営していること、被控訴人がサクラを利用しているのにそのことを秘匿していることは否認する。

(二)　控訴人がいわゆるサクラと称する人物との間でどのようなやり取りをしたかは不知であり、本件各サイトに仮にサクラがいたとしても、被控訴人がこれを利用していた事実はないから、本件利用料金等は、控訴人の自由意思に基づき、時々の相手方とメール等の送受信をしたことにより発生したものであり、支払った料金が控訴人の損害であることは争う。また、弁護士費用が本件と相当因果関係のある損害であることも争う。不法行為の損害賠償でありながら、控訴審に至って初めて弁護士費用を請求することは権利の濫用であり許されない。

216

第3　当裁判所の判断

1　事実関係

　　前提事実と証拠（甲3、4の1ないし5、甲5の1ないし4、甲9、37
　の1ないし6、甲39、40の1の2ないし42の2、甲48、53、87、控訴人
　本人尋問の結果）及び弁論の全趣旨によれば、以下の事実が認められ、こ
　の認定を覆すに足りる証拠はない。

　㈠　控訴人は、昭和〇〇年生まれの男性会社員であるが、平成20年5月
　　から自宅に家族を残して単身赴任生活をしていた。控訴人は、日頃から、
　　ヤフーのアドレスを使用して、参加無料の懸賞サイトに登録し、懸賞に
　　応募していたが、そうしたなかで、控訴人のメールアドレスに「現金を
　　お渡しします。」というタイトルのメールが届き始めた。これらのメー
　　ルの全文は、リンク先に接続しないと読めないようになっていたため、
　　控訴人がそのうちの1通のリンク先をクリックしたところ、「ピュアラ
　　ブROYAL」（当時の名称は「ご近所〇〇」）に接続し、相手とメール交換
　　するためには会員登録が必要との案内が出た。そこで、控訴人は平成21
　　年3月に会員登録をしたが、その後本件各サイトに本件各相手方から控
　　訴人宛てのメールが大量に送られてきた。控訴人は本件各相手方と、本
　　件各サイト内で以下のとおりメール交換をした。

　　(1)　直撃ドキュンにおけるメール交換

　　　①　「はるな」とのメール交換

　　　　　平成21年3月、「はるな」と名乗る人物から控訴人宛てにメール
　　　　が送られてきた。メールによると、はるなはファイナンス系会社を
　　　　経営する社長であり、コンピューターや金融事情に明るいと記載さ
　　　　れており、はるなは、自分の指示に従うなら多額の金銭（5000万円）
　　　　を特別な手段で供与できると持ちかけ、その指示に従うよう求めた。
　　　　　控訴人は、当時、単身赴任で金銭に窮していたいことから、はる
　　　　なからの金銭供与に期待してメール交換を開始したが、はるなの指
　　　　示により、やり取りが外部に漏れないようセキュリティー強化の専
　　　　用回線使用料やスピードアップ料等の費用として次々とポイントを
　　　　購入させられた。
　　　　　また、はるなは、控訴人がサラ金会社からの借入れと短期間での
　　　　完済を繰り返すことにより、サラ金会社の信用を得た後、支払を遅
　　　　滞させて一旦信用をなくした後、はるなが全額の返済をすることに

より、さらに控訴人の信用が上がって、5000万円の振り込みが可能になること、サラ金からできるだけ借金をして、ビットキャッシュ（電子マネー）を大量に購入し、サイトの決済機構の処理速度を超えた決済をしてオーバーフローを起こさせることにより、はるながサイトから多額の金員を入手できることなどを述べていたが、控訴人は、メールのやりとりを通じてこれを信用するようになった。控訴人は、はるなの指示に従って、4月13日ころから24日ころまでの間、サラ金からの借入れと、その直後の返済を繰り返し、その後、借入金を原資に合計で360万円のビットキャッシュを購入し、同月26日から28日までに被控訴人に270万円の入金をするなどしたが、結局、はるなから資金援助を受けることはできなかった。なお、はるなとの送受信回数は、正確な記録が残っておらず、明らかではない。

②　舞衣とのメール交換

はるなとのメール交換を行っているころ、舞衣と名乗る女性から控訴人宛のメールが届き、「会社で3000万円の利益が出たので、極秘で受け取って欲しい」という申し出があった。控訴人が受け取りのための口座番号をメールしようとすると、このサイトでは口座番号を送ることはできないので指示する方法により操作をするよう命じてきた。

控訴人は、舞衣がメールで知らせてくる数字と英文字を組み合わせた暗号を、返信メールによりその都度送信したが、舞衣は、次々と異なる暗号を入力送信するよう指示したため、控訴人は大量のポイントを消費した（規約上メールアドレス及び電話番号を添付するため、各1000ポイントずつの利用料金がかさむ。甲1の7条）。結局、手続が終了することはなく、3000万円が振り込まれることもなかった。

(2)　直アドゲッチューにおけるメール交換

①　エミとのメール交換

平成21年3月、エミから控訴人宛てのお知らせメールが送られてきた。そのメールにおいて、エミは大阪市堺区帝塚山に住所を持ち、父親が経営するアパレル系会社の社員で、サイト利用の目的は話し相手を捜すことであり、祖父が裕福なため、話し相手になったり、会ってくれればお礼に数千万をあげると控訴人に告げた。

218

　　控訴人は、エミとメール交換を開始し、その申し出が一定程度実
現可能なものと信用するようになった。エミは、メールで、平成22
年4月から8月まで、8回の面会を約束し、待合せ場所として高槻
市内の店舗を指定してきては、これを変更したり撤回するなどの行
為を繰り返し、その変更などに対処するため、控訴人は大量のメー
ル交換を行い、ポイントを消費した。

　　エミが控訴人宛てに送信したメールは、記録が残っているものだ
けで合計1223回であり、これに対処するため、控訴人も同程度の
返信をしてポイントを消費したが、結局のところ、控訴人はエミと
会うこともできず、金銭を貰うこともできなかった。

②　恭子とのメール交換

　　控訴人が平成21年3月ころからサイトを通じてメールのやり取
りをした恭子は、年商が100億円ある会社の経営者であると名乗り、
婚約者（後に夫となった）に不満があるということで、控訴人と面
会して性交渉をすること及びその対価として高額な現金を支払うこ
とを申し出てきた。

　　控訴人は、これに期待して恭子とメール交換を開始し、同人の申
し出を信じるようになった。恭子は、直前にサイト内メールで面会
希望、約束場所と時間を指定してきたが、もともと控訴人が仕事で
面会が無理な時間帯を指定したり、約束しても突然反故にされたり
した。控訴人は、その連絡のため多くの受送信を余儀なくされ、ポ
イントを消費したが、結局、恭子と会うことも金銭を貰うこともで
きなかったため、平成22年8月26日、控訴人はメールを止めた。

　　恭子からの送信メールは、記録の残っているものだけで465通で
ある。

③　奈津美とのメール交換

　　平成22年4月前ころ、精子バンク医療科学研究所の職員を名乗
る奈津美から、控訴人宛てにメールが届き、研究所の業務上、男子
の精子が必要で控訴人の年齢から研究条件に合致するので採取の必
要があるとして、採取対象者として控訴人を指定してきた。控訴人
は、奈津美とメール交換し、この指定に応じることとしたが、待合
わせの日時・場所の決定、その方法、精子取得の対価の支払の申し
出等に多数の受送信を余儀なくされた。控訴人と奈津美は3回の面

　会約束をしたが、いきなり当日の面会を断ってきたり、控訴人が飲酒していることを理由に反故にしたりし、控訴人は、奈津美と面会及び報酬の受け取りをすることはできなかった。

　メールの期間は、平成22年4月前から平成22年8月24日までであり、この間の奈津美のメール送信回数は記録が残っているものだけで112回である。

④　頭取婦人とのメール交換

　頭取婦人は、平成22年1月、支援金9000万円を受け取るつもりはないかとするメールを控訴人に送信した。控訴人は金銭に窮していたことから、上記申し出に期待し、メールのやり取りを開始したところ、頭取婦人は、控訴人の住所近くのレンタルビデオ店、病院、ホテルの部屋などを待ち合わせ場所に指定しながら、場所を突然変更したり、待ち合わせ場所に来ているとしながら実際には現れなかったりした。控訴人は、その連絡調整のため、多くのポイントを消費したが、頭取婦人とは面会もできず、支援金も貰えなかった。

　頭取婦人のメール送信回数は、記録の残っているものだけで676回である。

(3)　「ピュアラブROYAL」におけるIT企業取締役○○、固定資産管財人○○、外科医○○、SE神谷及び銀行員まゆとのメール交換

　平成21年3月、「IT企業取締役○○」という女性から、控訴人宛てにメールが届き、会社経営についての話相手か相談相手になってくれれば3000万円を渡すとしてJR高槻駅を待ち合わせ場所として指定してきたが、何回待ち合わせをしても同人は現れることがなく、メール交換に大量のポイントを消費した。

　平成21年3月16日、同じサイトに「固定資産管財人○○」から、控訴人宛てにメールが届き、会社の固定資産を管理して生じた2000万円の剰余金を受け取って欲しい、ついては税務署にばれないための特殊な振込システムを利用する必要がある、そのためには控訴人において暗号を送信する必要があるといわれ、控訴人はその指示に従った数字とアルファベットの組合せの暗号を数十回にわたり送信したが、いつまで経っても作業指示が終わらず、大量のポイントを使用したことから控訴人は、金銭を貰うことを断念した。

　同年5月10日、「外科医○○」から、話し相手や相談相手になって

くれれば600万円を会って手渡すとの申し出があり、控訴人はその連絡に従ってJR新大阪や高槻駅等に駆けつけて同人を待ち続けたが、同人は一度も現れなかった。控訴人は、所在確認等のため1日数百回に及ぶメール交換をし、大量のポイントを購入し、使用させられた。

続いて、同年8月初め頃、SE神谷という女性から控訴人宛てのメールが届き、社長から税金対策として1600万円の会社の金を処分するようにいわれているので受け取って欲しいといわれた。控訴人はこれに期待してメール交換を開始したが、SE神谷から、控訴人の本名と電話番号が必要で、多数回これらを添付したメールを送信し、サーバーに負担を掛ければ、文字化けせずに送られた控訴人口座に1600万円が貰えるとし、その過程で高速回線を使用するよう指示されたり、口座番号等を1文字5回ずつ送信するよう指示され、これに従い大量のポイントを消費した。

さらに、同年12月ころ、銀行員まゆから、300万円を振り込みたいとのメールが届いた。控訴人は、これが貰えると期待して、メール交換を開始したが、銀行員まゆは、文字化け対策として同月13日専用回路の開設費用としてビットキャッシュ20万円を負担させながら、文字化けしているので直接会って支払いたいと上記負担を無にする申し出をしてきたため、控訴人は、その頃、やり取りを中止した。

(4) 「ご近所直アドnet」におけるモモ、主治医○○及び振込依頼人○○とのメール交換

平成21年3月、不治の病で入院しているというモモという患者とその主治医○○を名乗る人物から、控訴人宛てのメールが届き、モモの両親の遺産を受け取って欲しいとして、サイトへの登録と、現実の振込みを担当する振込依頼人○○の指示に従うよう求められた。控訴人は振込依頼人○○から「数字や記号を送る際、メール添付やアドレス添付にチェックを入れて送信する必要がある、指示どおりの暗号を送信すること、途中で止めないことを誓うこと、高額のポイントが必要なので、まとまったポイントを用意して貰う必要がある。」との案内を受け、その指示のままに大量の送受信を行ったものの、振込依頼人○○は、再び最初から同一作業を繰り返すことをなど指示してきたため、控訴人の方で中断した。

(二) 控訴人が本件各サイト内でメール交換をした相手方は、本件各相手方

のほかにもさらに２、３人程度いるが、その名前は明らかではない（以下、本件各相手方と併せて「本件各相手方等」という。）。しかし、それらの相手方からのメールも、暗号を入れると金銭を贈与するなどという内容のものであった。

㈢　控訴人は、本件各相手方等がいずれも本件各サイトの一般の会員であり、その申し出の内容（面会や金銭の供与等）が一定程度は実現できる可能性があるものと信じて、メール交換を続け、本件各サイトのポイントを購入したのであり、これがサクラであり、その申し出がおよそ実現できないものであることを知っていれば、ポイントを購入してメール交換をすることはなかった。

㈣　控訴人代理人らによる利用体験

控訴人代理人らは、本件訴訟係属中に「直アドゲッチュー」に、地域及びハンドルネーム等を変えて女性名で３件の登録をしたところ、その３件のアドレス宛に数分後から大量のメールが届いた。そのメールは、３件とも「愛を知らない男（代表取締役）」など同一名の相手方からのものであり、その内容も財産の譲渡を示唆する全く同一の文言であった。控訴人代理人がそれらに返信をすると、次々とサイト運営会社への入金を促す個別のメールが繰り返された。これらのメールは、３件とも同一名で、同一時刻に送られることが多く、その内容も同一文であるが、登録地域に応じて待ち合わせ場所や送信者のプロフィール（出身地）などは変えられていた（甲53、87）。

以上によれば、これらのメールは、これを専属的に担当している者から多数の会員宛に組織的に送信されていることがうかがわれる。

2　不法行為の成否

㈠　上記1の事実に基づき判断すると、まず、本件各相手方等からの申し出は、見も知らない控訴人に対し、指示に従えば数百万円ないし数千万円という多額の金員を供与する、面談や実験対象となってくれれば相当の対価を支払う等、あり得ない不自然な話で、そのいずれについても全く実現していないのであり、本件各相手方等がこれを実現する意思、能力を有していないことは明らかである。

㈡　次に、本件各相手方は、控訴人に対し、

①　メールの送受信に、専用回線を用いさせたり、メールアドレス、電話番号、個人の氏名を添付する必要があるなどとして、通常の送受信

以外に、高額なポイントを消費させていること（はるな、舞衣、SE神谷、銀行員まゆ）、

② 暗号入力操作、口座番号の入力操作等を命じ、さらに、その送受信に多大なポイントが消費されるよう際限なくその手続の繰返しを要求していること（固定資産管財人○○、SE神谷、振込依頼人○○）、

③ 面会や金員の手渡しを約束してはキャンセルすることを繰り返し、極めて多数の送受信を余儀なくさせていること（エミ、恭子、奈津子、頭取婦人、IT企業取締役○○、外科医○○）

などを行わせているが、これらの指示に合理性は見いだしがたく、その目的は、いずれも控訴人にできるだけ多くのポイントを消費させ、被控訴人に対し、利用料金名下に高額の金員を支払わせることにあることは明らかである。

そして、高額な利用料金を支払わせることによって利せられるのは被控訴人をおいてほかにない（本件各相手方が、控訴人と同様のサイトの一般の会員であるとすれば、頻回のメールの送受信には当事者双方にとって高額の利用料金の負担義務が生じるから、当事者にとって利益はない。）。それにもかかわらず、本件各相手方が控訴人に利用料金を支払わせようとしている事実は、本件各相手方には利用料金の負担義務が課せられていない事実及び本件各相手方が被控訴人の利益を意図して行動している事実を推認させる。また、このことは、前記1㈡の本件各サイトにおける本件各相手方以外のメール相手についても同様である。

したがって、控訴人が本件各サイトにおいてメール交換した本件各相手方等は、一般の会員ではなく、被控訴人が組織的に使用している者（サクラ）であるとみるほかはない。

前記1㈣の事実もこれを裏付けているというべきである。

㈢ 以上によれば、被控訴人は、本件各サイトにおいて、サクラを使用して、かつサクラであることを秘して、資金援助や連絡先交換又は待合せ等、役務ないし利益の提供をする意思もないのに、それがあるように虚偽のメールを送信させて、それらが一定程度実現する可能性があると控訴人を誤信させ、控訴人に役務ないし利益の取得のため、送受信等を多数回繰り返させたり、上記資金援助等の目的達成のためには虚偽の暗号送信等の手続が必要であるとの虚偽の事実を申し向けてその旨控訴人を誤信させ、利用料金名下に多額の金員を支払わせた詐欺に該当するもの

というべきである。被控訴人は、控訴人に対する不法行為責任を免れることはできない。

3　控訴人の損害

　控訴人が本件各サイトにおいてメール交換をした相手（本件各相手方等）は、前記のとおりすべてサクラであるから、控訴人の損害は、本件各サイトの利用料金として支払った金員の全額である合計2031万3000円である。

　また、弁論の全趣旨によれば、控訴人は、本訴の提起、遂行に訴訟代理人らを委任して訴訟行為に当たらせたことが認められるところ、本件事件の難易、訴訟代理人らの訴訟行為、上記損害認容額その他の一切の事情を考慮すれば、上記損害の1割に相当する弁護士費用203万1300円も本件不法行為と相当因果関係を有する損害であると認められる。

　被控訴人は、当審にいたって弁護士費用の請求拡張をすることが許されない旨主張するが、採用できない。

第4　結語

　よって、これと異なる原判決を取り消した上、控訴人の請求（当審で拡張された分を含む。）を全部認容することとし、訴訟費用の負担につき民訴法67条2項、61条を、仮執行宣言につき同法310条を適用して、主文のとおり判決する。

東京高等裁判所第11民事部

裁判長裁判官　　滝　澤　　　泉

裁判官　　三代川　俊一郎

裁判官　　梶　　　智　紀

（別紙省略）

【資料16】 東京地裁平成25年5月29日判決——カード会社からの請求を排斥した
　　　　　裁判例

平成25年5月29日判決言渡　同日原本領収　裁判所書記官○○○○
平成24年㈦第15510号　クレジットカード利用代金支払請求事件
口頭弁論終結日　平成25年4月10日

判　　　決

○○○○

原　　　　　告		X
同代表者代表取締役		A
同訴訟代理人弁護士	○　○　○　○	
	○　○　○　○	
被　　　　　告		Y
同訴訟代理人弁護士	加　藤　武　夫	

主　　　文

1　原告の請求を棄却する。
2　訴訟費用は、原告の負担とする。

事　　　実

第1　当事者の求めた裁判
　1　請求の趣旨
　　⑴　被告は、原告に対し、金132万1904円及びこれに対する平成24年3月
　　　13日から支払済みまで年14.6パーセントの割合による金員を支払え。
　　⑵　訴訟費用は、被告の負担とする。
　　⑶　第⑴項につき仮執行宣言
　2　請求の趣旨に対する答弁
　　⑴　原告の請求を棄却する。
　　⑵　訴訟費用は、原告の負担とする。
第2　当事者の主張
　1　請求原因

(1) 原告の地位等

ア 原告は、クレジットカードに関する業務、金銭貸付及び割賦購入あっせん等を業とする会社である。

イ X会員（以下「会員」という）は、X会員規約（以下「規約」という）を承認のうえ原告に入会を申し込み、原告がこれを認めてクレジットカード（以下「カード」という）を送付したものである。

ウ X加盟店（以下「加盟店」という）は、原告との間で会員が有効なカードを提示した場合には、その会員に対し信用供与の方法によって物品サービスの提供をする旨の加盟店契約を締結したものである。

エ 会員は、カード利用により生じた加盟店の物品サービスの提供に係る債権を原告が当該加盟店から譲り受けることについて、予め承諾している。

(2) 決済方法

カードの決済は、以下のとおりである。

ア 原告は、会員に対し、毎月15日締め切りでカード利用代金（ただし、原告が、加盟店から会員に対する売上債権を譲り受けたもの）を集計して同月25日ころ請求し、会員は、翌月10日（銀行等が休業日の場合、翌営業日）限り、そのカード利用代金をあらかじめ原告と会員の指定する金融口座から口座振替の方法により支払う。

イ 会員が、原告に対し、債務を期日までに履行しないときは、原告から会員に対する何らの通知催告なくして当然に期限の利益を喪失し、その翌日から完済に至るまでカード利用代金の元金に対し年14.6パーセントの割合による遅延損害金を付して支払わなければならない。

(3) 被告の地位

被告は、信用供与及び決済方法等を定めた規約を承認して入会を申込み、平成20年5月12日、原告がこれを認めて会員（会員番号○○○○）になり、カードの貸与を受けたものである）。

(4) 被告のカード利用及び原告による債権の譲受け

被告は、別紙一回払い利用日、請求日一覧表（以下「一覧表」という）記載のとおり、カードを利用し、原告は、加盟店からその売上債権合計132万1904円を譲り受けた。

なお、被告がカードを利用して提供を受けたサービスは、アメリカにサーバーのある「＠コミュニティ」及び「PINK DIALY」等のサイトの利

用である。

(5) 結論

　　よって、原告は、被告に対し、上記カード利用代金132万1904円及び
これに対する弁済期の後である平成24年3月13日から支払済みまで約
定の年14.6パーセントの割合による遅延損害金の支払いを求める。

2　請求原因に対する認否及び被告の主張

(1) 認否

　ア　請求原因(1)（原告の地位等）のアないしウは認め、同エは不知。

　イ　請求原因(2)（決済方法）は不知。

　ウ　請求原因(3)（被告の地位）は認める。

　エ　請求原因(4)（被告のカード利用及び原告による債権の譲受け）は不知。

(2) 被告の主張

　　原告は、被告が一覧表記載のとおりカードを利用したとして、被告に
対しカード利用代金の支払いを請求しているが、一覧表には、利用の年
月日及び利用金額が記載されているのみであり、被告に対する本件請求
が、どの加盟店において、どのような商品を購入したことにより発生し
たものであるかが一切記載されていない。

　　なお、原告は、「＠コミュニティ」及び「PINK DIALY」というインター
ネットサイトの利用代金である旨主張するが、そのようなインターネッ
トサイトは確認できず、その存在すら疑われる。

　　よって、原告の請求は、主張自体失当である。

理　　　由

1　請求原因(1)（原告の地位等）のアないしウ及び請求原因(3)（被告の地位）
は、当事者間に争いがない。

　　証拠（甲2）によれば、請求原因(1)（原告の地位等）のエ及び請求原因(2)
（決済方法）が認められる。

2　請求原因(4)（被告のカード利用及び原告による債権の譲受け）について
検討する。

(1) 原告は、本件訴訟において、被告がアメリカにサーバーのあるサイト
（「＠コミュニティ」及び「PINK DIALY」等のサイト）を利用した代金を
請求しているとした上で、原告は、加盟店から、売上債権を譲り受けて
上記代金を取得した旨主張している。

(2) そうすると、原告の主張によれば、上記サイトを運営している加盟店が、被告にサービスを提供して、被告に対するサイト利用代金を取得することが、原告が加盟店から売上債権を譲り受けてこれを取得するための前提になるというべきところ、原告は、上記サイトを運営している加盟店を特定して主張していない。

　　他方、上記サイトの利用代金を請求されている被告としては、上記サイトを運営している加盟店が特定されないと、十分な防禦をすることが困難になるというべきである。

(3) 以上によると、上記サイトを運営している加盟店を特定していない原告の主張は、債権発生のための請求原因事実の主張として不十分であり、主張自体失当である。

　　なお、原告は、A株式会社及び株式会社Bを加盟店として主張しているとも考えられるが、証拠（甲6、7、10）及び弁論の全趣旨によれば、A株式会社及び株式会社Bは、いわゆる決済代行業者であって、上記サイトを運営している加盟店でないことは明らかであるから、いずれにしても、原告の主張は、債権発生のための請求原因事実の主張として不十分であり、主張自体失当である。

3　よって、原告の本件請求は、理由がないから、これを棄却することとする。

　　　　　東京地方裁判所民事第49部

　　　　　　　　　　裁判官　　飯　淵　健　司

（別紙省略）

サクラサイト被害全国連絡協議会

ウェブサイト〈https://sakurahigai.kyogikai.org/〉
Facebook〈https://www.facebook.com/sakura.site.damage?locale=ja_JP〉
X（旧 Twitter）〈https://twitter.com/sakurahigai〉

◎執筆者一覧◎
（五十音順）

明石順平（埼　玉）	葛山弘輝（東　京）	中島俊明（京　都）
朝倉祐介（東　京）	加藤武夫（神奈川）	中村弘毅（埼　玉）
有野優太（神奈川）	神野直弘（埼　玉）	東谷良子（埼　玉）
安藤博規（東　京）	瀬戸和宏（東　京）	松苗弘幸（埼　玉）
石渡幸子（東　京）	高木篤夫（東　京）	松宮徹郎（東　京）
井上光昭（埼　玉）	武井共夫（神奈川）	宮西陽子（埼　玉）
岩城善之（愛　知）	田島寛之（東　京）	宮野大翔（埼　玉）
上原伸幸（埼　玉）	月岡　朗（埼　玉）	元島亮典（長　野）
長田　淳（埼　玉）	靏岡寿治（静　岡）	山口翔一（埼　玉）

サクラサイト被害救済の実務〔第2版〕

令和6年1月22日　第1刷発行

定価　本体 3,000円＋税

編　者　サクラサイト被害全国連絡協議会
発　行　株式会社　民事法研究会
印　刷　株式会社　太平印刷社

発行所　株式会社　民事法研究会
　　　　〒150-0013　東京都渋谷区恵比寿3-7-16
　　　　〔営業〕TEL 03（5798）7257　FAX 03（5798）7258
　　　　〔編集〕TEL 03（5798）7277　FAX 03（5798）7278
　　　　http://www.minjiho.com/　　info@minjiho.com

組版／民事法研究会
落丁・乱丁はおとりかえします。ISBN978-4-86556-598-0 C2032 ¥3000E

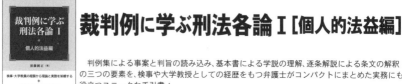